U0578085

每个青少年都应该读的

中国历史故事

王晓琪◎著

三国两晋南北朝

辽宁人民出版社

© 王晓琪 2019

图书在版编目（CIP）数据

每个青少年都应该读的中国历史故事.三国两晋南北
朝 / 王晓琪著 . — 沈阳 : 辽宁人民出版社 , 2019.3
ISBN 978-7-205-09492-8

Ⅰ.①每… Ⅱ.①王… Ⅲ.①中国历史 – 三国时代 –
青少年读物②中国历史 – 魏晋南北朝时代 – 青少年读物
Ⅳ.① K209

中国版本图书馆 CIP 数据核字（2018）第 281162 号

出版发行 : 辽宁人民出版社
　　　　　地　址 : 沈阳市和平区十一纬路 25 号　　邮编：110003
　　　　　电话 : 024-23284321（邮　购）　024-23284324（发行部）
　　　　　传真 : 024-23284191（发行部）　024-23284304（办公室）
　　　　　http://www.lnpph.com.cn
印　　刷 : 北京海石通印刷有限公司
幅面尺寸 : 145mm × 210mm
印　　张 : 8
字　数 : 148 千字
出版时间 : 2019 年 3 月第 1 版
印刷时间 : 2019 年 3 月第 1 次印刷
责任编辑 : 赵维宁
装帧设计 : 末末美书
责任校对 : 赵卫红
书　号 : ISBN 978-7-205-09492-8
定　价 : 32.00 元

目录

三国：群雄并起　逐鹿中原

两晋：狼烟滚滚　风云变色

南北朝：铁甲纷纷　血染王庭

三国：
群雄并起　逐鹿中原

边陲浪子董卓

董卓在小说和民间传说中是个祸国殃民的乱臣贼子，可在东汉末年，他却是个响当当的人物，他是一位从荒芜的西北边陲凉州走出来的浪子。当上羽林郎后，靠打击周边游牧民族起家，刀口上舔血般走上政坛，逐步成为汉末的掌权者。

边陲勇士

董卓生于颍川，他天生神力，能够策马疾驰时左右开弓射箭，其力量之强、骑术之精令人叹为观止。因为董卓骁勇善战，郡太守和州刺史①十分欣赏他，征招他做武官。董卓在打击周边游牧民族的战斗中展现了卓越的军事才华，称得上有勇有谋，因而当时的名将

①刺史："刺"，检核问事之意。汉武帝元封五年始置，刺史巡行郡县，分全国为十三部，各部置刺史一人，后通称刺史。

段颖便推举他做羽林郎。

羽林郎是皇帝身边的精锐部队，负责保护皇帝的安全。董卓逐渐脱颖而出，屡立战功，名镇西北，一路升迁至并州刺史、河东太守。

公元184年，黄巾军爆发大起义，董卓临危受命为东中郎将 ①，率领部队剿灭黄巾军。可惜，董卓出师不利，被罢免了官职。但是董卓不甘心就此一败涂地，他想方设法地搭上了十常侍②的关系，想让他们帮自己东山再起。恰好此时，西北凉州的羌胡铁蹄再次踏入汉朝边境，威胁到都城长安，于是对游牧民族作战经验丰富的董卓再次被朝廷起用。

公元185年十一月，董卓在战场上大破羌胡，立下战功。紧接着汉朝六支大军乘胜追击敌人，其中五路兵败，只有董卓凭借多年的对胡作战经验大获全胜，从此名扬天下。

萌生异心

随着董卓在凉州屡建战功，再加上他长期在凉州积累的丰富人

①东中郎将：东汉官职。秦置中郎，至西汉分五官、左、右三中郎署，各置中郎将以统领皇帝的侍卫，属光禄勋。
②十常侍：其实是"十二常侍"，他们是中国古代东汉灵帝时操纵政权的宦官张让、赵忠、夏恽、郭胜、孙璋、毕岚、栗嵩、段珪、高望、张恭、韩悝、宋典，他们都任职中常侍。

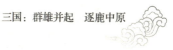

脉和名声，董卓渐渐觉得汉朝政府腐败堕落、昏聩无能，便萌生了不臣之心。

董卓开始大肆招兵买马，公然扶植个人势力，丝毫不把汉朝政府派到西北来的统帅张温放在眼里。有时候张温向他传达军令，董卓要么态度傲慢，要么故意延误，把张温气得七窍生烟，却也无可奈何，因为抵抗羌胡还要仰仗董卓。

但是董卓的野心越来越大了，甚至做出公然反对朝廷之举。

公元 188 年，西凉人韩遂率十万大军犯境，包围了重镇陈仓。陈仓易守难攻，只要守城不出，待敌人疲惫时再决战乃是明智之举。但令人瞠目结舌的是，有三十多年作战经验的董卓却强烈要求立即出战，他借战乱打击朝廷兵力的企图昭然若揭。通过这件事，朝廷看出了董卓的狼子野心，于是用了一招明升暗降削其兵权：晋升董卓为少府，让他入京为官，并将其所辖军队交给皇甫嵩。

董卓多年经营西北，岂肯拱手让人。他公然上书说："臣的将士们一听说我要去洛阳上任，都牵着马、拉扯着车辕，不让臣走。这些士兵大多都来自羌胡，和臣手足情深，如果臣走了，恐怕他们要发动兵变呢。"

面对气焰嚣张、态度强横的董卓，东汉朝廷无计可施，只好改任董卓为并州刺史，再次催他上任。这回董卓更不掩饰自己拥兵自重之心了，他在上书中写道："臣不能把兵权交给别人，士兵和我

关系都太好了，都要为我卖命，我乞求带这帮士兵去并州，效力边陲。"

就这样，不可一世的董卓堂而皇之地拒绝了东汉朝廷的安排，没有去上任，公然与朝廷作对，并且借机在河东郡屯兵，只等一个绝佳的机会一举夺取天下。

入京篡权

公元189年，大将军何进要诛杀专权的十常侍，请求董卓相助。千载难逢的机会来了，董卓立刻率兵入京。中途，何进改变了主意，命令董卓停止前进，可董卓根本不予理会，而是快马加鞭赶到京都洛阳城外驻扎观望形势。

一天，洛阳大火熊熊燃烧，董卓知道形势有变：何进已经被十常侍设计害死，而何进的部下袁绍等人正在攻打皇宫、诛杀宦官。董卓得到消息，十常侍之一的张让挟持汉少帝刘辩向洛阳北方逃窜。于是董卓立刻调动部队，在黄河边找到了小皇帝，名正言顺地入京了。

董卓急于入京，只带了三千骑兵，如何应对何进部下的千军万马？更糟糕的是，山东的鲍信、并州的丁原都应诏入京勤王。董卓若和他们硬拼，简直是以卵击石。

情急之下，董卓用了"瞒天过海"之计：他半夜安排随行军兵悄悄出城，第二天早晨敲锣打鼓地进城，让人误以为他的援军已到。

这出戏演了十几天，果然奏效，所有人都以为董卓的千军万马抵达了洛阳。就这样，董卓为自己争取到了宝贵的喘息之机，并且顺利消灭了来自各方的反对力量，完全控制住了局势。

紧接着，董卓废掉皇帝刘辩，立刘协为汉献帝。刘协名为皇帝，实则是傀儡，董卓成了当朝的真正统治者。

皇帝打压朝臣的工具——宦官集团

我国历史上宦官专权最严重的三个朝代是东汉、唐朝和明朝。每到大臣权重、皇帝权轻的时代，皇帝就利用自己信任的宦官来打压朝臣，于是宦官专权应运而生。东汉中后期，继位的皇帝年龄普遍很小，需要太后垂帘听政。太后要执政，就要依靠外戚的势力，导致外戚势力逐渐庞大。等到小皇帝长大了想要亲政，就只能依靠身边的宦官一起除掉外戚，这就导致宦官势力强大，难以控制。东汉中后期一直都是在外戚和宦官轮流执政的血腥杀戮中进行的。

乱世英雄曹操

　　风云激荡，沧海横流，在东汉末年这片动乱的土地上，各方豪杰纷纷登场。顺应时势造就的佼佼者，曹操当属其一。很多文人志士都对曹操有过评价，许邵称其是"清平之奸贼，乱世之英雄。"

任侠放荡，少年初成

　　曹操出生在宦官之家，从小看尽官场斡旋，因而表现出同龄人少有的机警和诡谲。曹操年少时喜欢游侠，常常骑马携鹰而去。他的叔父担心他在外闯了什么祸端，曾不止一次向他的父亲曹嵩告状。

　　一次，曹操又偷偷溜出门去，恰好被他的叔父逮个正着。他灵机一动，装出一副嘴邪眼歪的模样，说自己中风了。叔父便把此事

告诉了曹嵩，曹嵩听后便问曹操是何时中风的。曹操却说自己根本没有中风，是因为叔父看不上自己，才在背后说坏话。后来叔父再来告状的时候，曹嵩便不相信了。

曹操年少时虽然顽劣，却有一颗做大事的心，无奈自己没有名气。他的朋友桥玄便给他出了个主意，让他去结交名士许邵。当时，只要是许邵评论过的人，都会名声大噪。曹操便去再三追问，许邵只好道出：清平之奸贼，乱世之英雄。曹操对这个亦褒亦贬的评价很是满意。

崭露头角，一鸣惊人

曹操二十岁时，被推举为孝廉，后又被封为洛阳北部尉。他严明守法，不畏强权。当时，汉灵帝最宠爱的宦官蹇硕的叔父蹇图违禁夜行，曹操依法将其棒杀。此事一出，曹操虽一鸣惊人，但也因此得罪了朝中宦官，以至于朝廷对他明迁实贬，说是升官为顿丘令，实际上是将他赶出了洛阳。

不久，曹操因其妹夫犯罪受到牵连，被免去了官职。曹操并不气馁，他回到家中积攒实力、蓄势待发。后来因才学出众，又被朝廷征为议郎。他趁此机会向朝廷上谏，为受怨的忠良大臣鸣冤，然而宦官势力过于强大，曹操一腔热血无处挥洒。

公元 184 年，黄巾军起义，各地百姓云集响应，威震京城。这时才有了曹操的用武之地，他被正式授予军职——骑都尉。曹操与其他将士合战，斩杀黄巾军数万首级，立了大功，因此升官做了济南相。

讨伐奸贼，积攒实力

公元 189 年，董卓挟天子以令诸侯，专擅朝政。董卓虽以一匹赤兔马为礼收了吕布，但他始终觉得吕布只是勇武，却没有头脑。倒是曹操，更像年轻时的自己。曹操早就看不惯董卓的倒行逆施，哪里肯为他卖命。但碍于自己实力不足，只好改名换姓逃去陈留。

在陈留，他散尽家财，号召天下英雄讨伐董卓。他觉得单凭一己之力很难制服董卓，便去寻找同盟。当时以渤海的袁绍势力最大，大家便推选袁绍为盟主带头征伐董卓。曹操满怀希望，率兵来依附袁绍。但令他万万没想到的是，这些口口声声嚷着要讨伐董卓的人，根本就不想发兵，怕有损自己的实力。曹操则认为应与董卓决战，遂独自带兵攻打董卓。不料刚到卞水，曹操的军队就被董卓的大将徐荣给截击了。双方势力悬殊，曹操大败，只好带着残兵败将垂头丧气地回到大部队中。那些同盟军不但不施以援手，看到曹操败了，

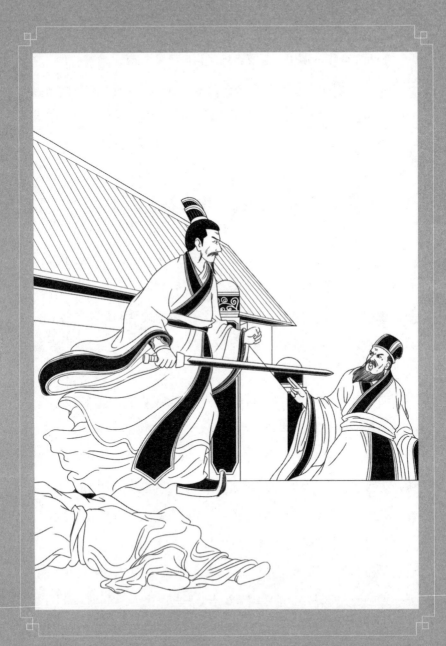

还嘲笑他是螳臂当车。曹操彻底看透了这些人，他们名为讨伐董卓，实际上都各怀鬼胎。于是曹操便离开了联盟军，独自到扬州去整顿兵马，蓄势待发。

迎接献帝，懂得进退

曹操在整顿兵马、四处征战之际，董卓被王允用计给除掉了。董卓死后，各路豪强纷纷发兵，都想坐上董卓的位置。

洛阳城内战乱纷纷，汉献帝只好逃到长安。可是过了不久，长安也开始动荡起来，献帝只好又逃回洛阳。此时的洛阳已经破败不堪，到处都是废墟，哪里还有首都的模样，献帝等人的吃喝都成了问题。而曹操的势力已经发展壮大，正驻兵在许昌。他听说了献帝的境遇，就将献帝迎进许昌，并在此给献帝建了宫殿，让献帝正式上朝。献帝对其感激不已，曹操则封自己为大将军，利用汉献帝之名发号施令。

曹操上任后的第一件事就是教训那些"按兵不动"的盟军。他以天子的名义给袁绍发了个圣旨，责备他不发兵，还封他为太尉，屈于自己之下。袁绍接到圣旨后气得暴跳如雷，索性辞官不干。曹操见袁绍生气了，害怕他拥兵造反，而自己实力不如他，便把大将军的位置让给了袁绍，自己做车骑将军。

位极人臣，效仿文王

袁绍虽然做了大将军，却始终碌碌无为。倒是曹操一直治理朝政，大权仍掌握在他的手里。

由于长期的征战，到处都发生饥荒。曹操让人开垦荒地、种植粮食，解决了官员与百姓的吃穿问题。为了巩固自己的势力，曹操还不断以重金招聘谋士，使自己的势力和声望越来越高。汉献帝看见曹操这副模样，像极了当年的董卓。但曹操并不像董卓那样祸害百姓，反而为百姓做了很多好事。

建安二十一年，汉献帝册封曹操为魏王，享食邑三万户。此时，汉中刘备、东吴孙权各据一方，曹操与其相争。孙权写信劝他取代汉朝，建立大魏，曹操却将书信昭示天下，并称自己是受到天命，要做周文王。

建安二十五年，曹操在洛阳病逝，至死没有篡位称帝。

吕布杀董卓是因为貂蝉吗？

在《三国演义》中，王允想除掉残暴的董卓，但苦于董卓大权在握，又有英勇无敌的义子吕布守护。无奈之下，他只好利用干女儿貂蝉施用美人计。他先将貂蝉许配给吕布，后又将貂蝉献给董卓，利用貂蝉挑拨董卓与吕布的矛盾，让吕布杀死了董卓。

然而，正史记载中并没有貂蝉这个人，因此有极大的可能，貂蝉是虚构出来的。在正史《三国志》中记载，吕布是因为董卓性格火暴，曾向其投掷匕首，才怀恨在心的。

多情的乱世才女蔡文姬

　　三国时期出了一位鼎鼎大名的才女，名叫蔡琰，人们都叫她蔡文姬。她自幼博学多才，特别精通音律，但她的命运却十分悲惨，被匈奴掳至漠北达十二年之久，饱尝战乱艰辛。多亏了曹操，这位才华横溢的女子才得以返回故乡。

早慧博学

　　东汉末年有一位书法家名叫蔡邕①，因得罪当权的宦官，被发配到今天的内蒙古地区。董卓掌权后，把蔡邕接回洛阳，对他很好。后来董卓被司徒②王允所除，蔡邕被误认为是董卓同党，惨死于大狱中。

————————

①邕：yōng。
②司徒：我国古代的一个重要官职名，掌管民事，东汉三国时期是三公之一。

蔡邕的女儿蔡文姬从小博学多才，聪慧美丽，在文学和音乐上有过人的天赋。她六岁那年，蔡邕在庭外抚琴，忽然不小心弄断了一根琴弦。此时正在屋内的蔡文姬听到变调的琴音，立刻提醒道："父亲，您琴上的第二根弦断了。"

蔡邕惊讶于女儿听音的本领，又故意弹断第四根琴弦，没想到蔡文姬又听出来了。蔡邕既惊讶又惊喜，问她为什么可以听出琴弦断了。蔡文姬答道："父亲您曾经告诉我，古时候的季札从琴声中能听出一个国家的兴亡，师旷能从琴声中判断楚国要打败仗。女儿天天听您弹琴，难道哪根琴弦断了还听不出来吗？"

蔡邕通过这件事认为蔡文姬是个音乐奇才，于是开始教她学琴。聪明伶俐的蔡文姬学得很快，两年后琴艺便有所成，蔡邕就把自己最珍爱的焦尾琴送给了她。

蔡文姬在父亲的指点下，也开始钻研书法，十二岁时，她的书法已经得到了父亲的真传。十四岁时，蔡文姬已经琴棋书画无所不通，成了远近闻名的才女。

流落异乡

父亲蔡邕死后，蔡文姬流离失所，跟着流民躲避军阀混战的途中被匈奴兵劫走，做了左贤王的夫人，从此在匈奴一住就是十二年。

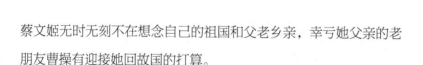

蔡文姬无时无刻不在想念自己的祖国和父老乡亲，幸亏她父亲的老朋友曹操有迎接她回故国的打算。

公元 216 年，曹操做了魏王，和匈奴建立了很好的关系。曹操觉得时机成熟，便派人带着礼物去见左贤王，要求把蔡文姬接走。左贤王迫于曹操的强大实力，被迫同意了。蔡文姬热切地想回到祖国，但又不舍十二年来在匈奴养育的子女，她在悲伤中创作了著名的诗歌《胡笳十八拍》，每次弹奏时都让听者伤心落泪。

替夫请罪

蔡文姬回到故国后，嫁给了屯田都尉 ①董祀。不久之后，董祀犯了死罪，即将被处斩，蔡文姬冒死去求曹操。

那天，曹操正在大宴宾客，听说蔡文姬来了，便笑着对满堂宾客说："蔡邕是我们的老相识，他的女儿流落他乡，终于回来了。她在外面，今天让大家见一见。"

只见蔡文姬披头散发赤着脚，满脸憔悴地走进来，一见曹操就跪下叩头请罪，慢慢地诉说丈夫董祀的事情。她讲话条理清晰、有情有理、不卑不亢，让人听来酸楚哀痛，为之动容。曹操叹口气说："你说的很令人同情，可是降罪的文书已经发出去了……"蔡文姬

①都尉：武官名，汉朝的都尉相当于校官水准。

马上又叩首，"魏王您马厩里的宝马良驹成千上万，勇猛的将士不胜枚举，难道还吝惜一匹快马去救一条刀口下的生命吗？"

曹操被蔡文姬感动，赦免了董祀，并派骑兵追回了判决文书，董祀也因此捡回了一条命。

中国古代四大才女

蔡文姬、李清照、卓文君、班昭并称中国古代四大才女。

蔡文姬名琰,是东汉时的文学家、音乐家,代表作是《胡笳十八拍》。

李清照,号易安居士,是南宋杰出的文学家,章丘明水人。以词著称,兼工诗文,并著有词论,在中国文学史上享有崇高声誉。

卓文君,西汉临邛①人,汉代才女,她貌美有才气,善鼓琴。

班昭字惠班,陕西咸阳人,她的父亲班彪是东汉的大文豪。班昭本人常被召入皇宫,教授皇后及诸贵人诵读经史,宫中尊之为师。

---

①邛: qióng。

从草根到一代霸主的刘备

东汉末年，群雄并起，大概那时没有人会把出身草根的刘备放在眼里。他根基浅薄、风雨飘摇；一生颠沛流离，无数次被迫寄人篱下。然而，这位看似软弱的政治家，却有着青云之志、爱民之心、以德服人之义。这些闪光的品格，让刘备在群雄逐鹿中异军突起，最终成就一方霸业。

少有大志

刘备的祖上赫赫有名，是汉景帝之子中山靖王刘胜。汉武帝当政时，刘胜因为在宗庙祭祀活动中触犯了法律，被削取了爵位，从此世代定居涿县。刘备的祖父和父亲虽然都当过官，但是也都英年早逝。刘家早已家道中落，因此刘备不得不和母亲靠织草席、卖草鞋为生。

少年刘备虽然生活穷困，但却很有志气。他家门口有一棵枝繁叶茂的大桑树，从远处看就像古代帝王出行使用的华盖①一样。刘备指着树头，对一起玩耍的小伙伴们说："我长大以后也要坐这种有华盖的车！"这话恰好被刘备的叔叔听到了，叔叔吓得脸色苍白，连声呵斥刘备不要胡说八道，否则会有诛灭九族之灾。

刘备默默无语，但心里却发下宏愿，以后一定要做一番惊天动地的大事业让他们瞧瞧。正是因为从小立下这样宏伟的志向，刘备才从草根走到了君主那一步。

三顾茅庐

一场官渡大战，袁绍大败，原本依附于袁绍的刘备仓皇跑去投靠刘表。有一位叫徐庶的谋士向刘备举荐了一位可以帮他东山再起的谋臣，就是诸葛亮。徐庶告诉刘备说："诸葛亮是天下奇才，如果能得到他的辅佐，整个天下唾手可得。"

刘备听了非常高兴，第二天就带着关羽和张飞登门拜访诸葛亮。可诸葛亮的书童说诸葛亮出门了，刘备只能悻悻而归。

过了几天，刘备兄弟三人冒着漫天飞雪再去找诸葛亮，这回他们看见一位风度翩翩的青年人在草庐里埋首读书。刘备赶忙过去深

①华盖：指帝王坐车上的绸伞。

深鞠躬，口称"诸葛先生"，可谁知那青年却笑着说："我乃诸葛亮的弟弟诸葛均。"原来这次诸葛亮出门会友去了，刘备他们又扑空了。

张飞怒气冲冲，关羽也对诸葛亮避而不见非常不满，但是刘备却一点也不生气，反而诚心诚意地写了一封信，表明自己想结识诸葛亮的心意。

新年之后，刘备特意选了个良辰吉日，第三次来到诸葛亮家里。书童说诸葛亮正在睡觉，刘备就让关羽和张飞二人在草庐外等，自己则站在台阶下垂手静立。时间过了好久，门外的关、张二人等得都不耐烦了，诸葛亮终于醒了。

刘备毕恭毕敬地向诸葛亮深施一礼，虔诚地向他请教立业之术。

诸葛亮侃侃而谈，指出了鼎足三分的天下大势：曹操占据北方，孙权占据江东，刘备可以攻取西川，占领蜀地，和曹操、孙权鼎足而立。

刘备听完一席话，茅塞顿开，越发佩服诸葛亮的韬略筹谋，于是请诸葛亮出山辅佐自己的帝国大业。而诸葛亮也被刘备几次三番诚意的拜访感动不已，非常痛快地答应了。

从此，诸葛亮成了刘备的智囊[1]，辅佐他建立了蜀汉政权。

---

[1]智囊：古人用来形容聪明智慧之士，比如秦代的樗里子、西汉的晁错、三国魏的桓范等人，都曾经被当时人称为智囊。

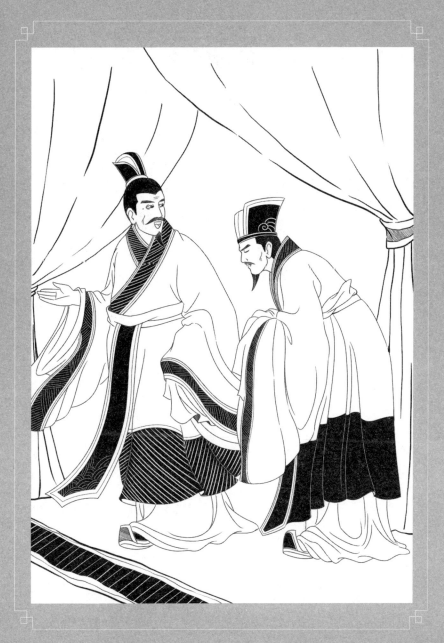

仁心待人

刘备是个心地宽厚、待人诚挚的君主，有仁人之心。这种君子之风让他将无数贤良之才招致麾下 ①，而且君臣之间肝胆相照，矢志不移。

刘备手下有位叫黄权的大将，原本是刘璋的旧部。当年刘备入川时，遭到黄权的强烈反对，他多次向刘璋谏言，希望能够以一己之力阻止刘备吞并西蜀的政治野心。但是刘璋置若罔闻，还把黄权贬去广汉县当县长。

公元 212 年，刘备反刘璋起事，大军攻占了益州，各个地方的官员纷纷归顺，只有黄权紧闭广汉城门，拒绝投降。最终刘璋归顺了刘备，黄权不得已才投降了。刘备不计前嫌，重用黄权，让黄权感动不已。

关羽大意失荆州后身死异乡，刘备痛失兄弟，报仇心切，亲自带兵进攻吴国。黄权深知吴国将士擅长打水仗，便毛遂自荐做先锋官去探查吴国的兵力，同时让刘备坐镇后方。没想到被复仇之火烧掉理智的刘备根本听不进去，他执意亲自率兵进攻。夷陵之战，刘备兵败如山倒，而坐镇后方的黄权也被吴国切断了退路，不得已投降魏国。

①麾下：古代对将帅的一种尊称，也指部下。

　　蜀国的官员把黄权的妻子儿女抓了起来，并将黄权降敌的消息告诉刘备。刘备深深地叹口气说："是我辜负了黄权的一片赤胆忠心，他并没有什么地方对不起我，你们把他的家人放了吧。"

　　黄权身在魏国大营，听说妻子儿女被捕，忧心如焚。魏国探子说，黄权的家人已经被处死，黄权却笑着说："主公不是这样的人。"果然没几天，就传来了家人被释放的好消息。

　　经过这件事，刘备的仁义之名就天下皆知了。

刘备祖先就是穿金缕玉衣的刘胜

刘备自称是中山靖王之后，那中山靖王是谁呢？中山靖王本名刘胜，是汉武帝刘彻同父异母的兄弟。河北满城汉墓里出土的金缕玉衣，它的主人就是刘胜。刘胜生前过着奢侈豪华的生活，死后害怕自己尸体腐烂，就用玉片和金丝制成了金缕玉衣。该衣通长188厘米，玉片共计2498块，金丝重1.1千克。在玉衣内还藏着玉璧18块，以及各种佩戴的美玉等，极尽奢华。

江东猛虎"小霸王"孙策

孙策少年成名，长得英俊潇洒、玉树临风，吴地人都管他叫孙郎，意思是翩翩美少年。但他绝不是手无缚鸡之力的文弱书生，他骁勇善战，年纪轻轻就得到了"小霸王"的绰号，在东吴百姓心中，他是像当年的项羽那样的大英雄。

擅长用人

孙策性情随和亲切、大度从容，经常和人谈笑风生，上至官僚下至老百姓，没有不喜欢他的，都愿意为他舍生赴死。

孙策擅长利用人才，除了善待父亲孙坚给他留下来的程普、黄盖等老将，他还利用自己的人格魅力吸引了周瑜、张昭等人。

张昭才华横溢，写得一手好字，被任命做了孙策的长史，负责处理军务、政务上的事。他的名声渐渐远播，身居北方的士大夫甚

至只知道张昭，不知道孙策，给东吴写信时总是赞颂张昭治理有方。张昭看到信后左右为难：如果把信给孙策看，好像在邀功，有功高盖主的嫌疑；如果不说，又怕被孙策误会存着野心和企图。

孙策听说这件事后大笑，他对群臣说："你们知道齐桓公吧？他当年把所有的政事都交由管仲处理，尊称管仲为仲父，臣子们有事问齐桓公，齐桓公就说你们去问仲父吧。其中一个臣子不高兴地说，有什么事就问仲父，您这个国君也当得太容易了吧？齐桓公就说，国君说容易也容易，说难当也难当。在没有得到仲父辅佐之前，国君难做；得到仲父辅佐以后，就不难做了。国君的辛苦在于寻找人才，等找到了，就可以高枕无忧了。"

孙策讲完以后，又笑着对张昭说："桓公之所以能称霸天下，是因为得到了仲父；而张昭你就是我的仲父啊，我得到了你，是我做主公的功劳。人们称赞你，难道我就没有好名声吗？"

孙策这种豁达大度的个性聚拢了一批文臣武将，为东吴的崛起奠定了坚实的基础。

化敌为友

孙策有个死对头叫刘繇①，他手下有一员大将，名叫太史慈。太

---

① 繇：yáo。

史慈因勇猛无敌名扬天下，连曹操都想招揽他。曹操曾经给太史慈送了个包裹，里面装了一味中药"当归"，暗示太史慈该归附于他。但是太史慈却矢志不渝地追随孙策，孙策去世后又辅佐孙权。

太史慈和孙策之间有一段动人的故事。

有一天，孙策和太史慈狭路相逢，孙策有十三个随从，太史慈唯有一人。太史慈对孙策说："你敢跟我单打独斗吗？"孙策笑着说："行啊！"二人就开始交手。打了无数个回合，都难分胜负。突然，孙策眼疾手快，趁太史慈不备拔下了他背上的戟^①，而太史慈也趁机摘了孙策的头盔。这时大部队来了，二人只得各自离去。

在后来的一次战斗中，太史慈被孙策的军队俘虏了。孙策听说这件事以后，快步上前亲自为太史慈松绑，拉着他的手诚恳地说："兄弟，想不到我们又见面了！我想问你个问题，如果今天换我被俘，你会怎么待我？"太史慈说："那可就不好说了。"孙策哈哈大笑："好！今天我们也不要打了，不如你辅佐我，我们一起干一番大事业吧。"

从此以后，太史慈心甘情愿地在孙策手下效力。

---

①戟：将戈和矛结合在一起，具有钩杀和刺击双重功能的格斗兵器，杀伤力比戈和矛都要强。戟的出现在我国推动了战国时期的到来。戟一般在古战场上由将领使用，容易分辨，也便于统帅指挥。

冷面英雄

孙策性格上和项羽有些相似，都是冷面英雄，一言不合就杀人。

有一次，会稽郡属员①魏腾违逆了孙策，孙策要处之而后快，众人苦苦劝阻，孙策根本听不进去。这时，孙策的母亲吴太夫人对孙策说："策儿，你刚刚在江南站住脚跟，诸事尚且不顺遂，理当优待、礼遇贤良之才，表彰他们的功勋，不要计较他们偶尔犯的小错才对。魏腾一直尽职尽责，只不过违逆了你的旨意，却招来杀身之祸，你这样做会众叛亲离的。我不忍心眼睁睁地看着你落难，还是自杀了省心。"孙策听完大惊失色，母亲的话让他一下子顿悟，马上释放了魏腾。

但是孙策从不欺侮弱小，相反还比较同情孤寡者。

有一年，孙策打下了皖②城，借住在此处的袁术的妻子老小全部被俘。孙策看到满眼老弱，下令军士们要体恤他们，严禁侵扰。后来攻克了豫章，将刘繇的丧事安排得妥当周到，并且抚慰了其家属。孙策的义举得到了天下士大夫的称誉。

---

①属员：下属官吏。
②皖：wǎn。

兄传弟也是世袭制

大家都知道古代帝王死后，要把九五之尊传给自己的儿子，这种制度叫世袭制。世袭制也适用于诸侯和有爵位的世家大族之间，一般继承的是名号、爵位以及财产等。但在血缘关系之间传递的世袭制不一定就是直系关系，有的是兄传弟，也有的是叔传侄。因此，孙策死后，孙权继承他的爵位也是正常的。

十八岁独霸一方的孙权

　　孙权是三国时期当之无愧的少年英雄，备受曹操赞誉——"生子当如孙仲谋"；宋代词人辛弃疾也慨叹"英雄无觅，孙仲谋处"。孙权在位五十二年，西联蜀汉、北抗曹魏、内平山越、外征江南蛮荒之地。你知道他是怎样从一个少年郎走到霸主之位的吗？

连丧父兄

　　公元182年，在徐州下邳 ①降生了一个婴孩，他的名字叫孙权。孙权的父亲孙坚乃是下邳县丞，孙权的哥哥叫孙策。

　　据传说，孙家这两个男孩来历不凡，他们的母亲因梦见月亮飞入怀中而孕育了孙策，又梦见太阳飞入怀中而诞下孙权。孙坚高兴

---

①邳：pī。

地说："太阳和月亮都是宇宙的精华，我两个儿子注定要大富大贵，成就一番大事业！"

孙权长得头面方正，鼻直口阔，目光炯炯有神，两腮长满了紫黄的胡须，是个相貌堂堂的男子。可是孙权的命运却非常悲惨，年纪轻轻就失去了父兄的庇佑。

东汉末年，升任长沙太守的孙坚起兵响应讨伐董卓的义军，迁至庐江郡舒县居住，奉命讨伐占据荆州的刘表。公元 191 年，孙坚在一场战斗中连夜追杀刘表手下大将黄祖，不料被黄祖部下射杀身亡。

当时的孙权只有九岁，从此他追随兄长孙策左右，学习文韬武略。

公元 200 年，孙权的兄长孙策遇刺身亡。当时孙权只有十八岁，但他已经被推到了政治的风口浪尖，即将成为东吴的掌权人。

少年掌权

公元 195 年起，孙策在江东征战不休，人称"小霸王"，在得到大将周瑜之后更是如虎添翼，此时的孙权还不满十五岁。但是孙权性爽朗豁达、急公好义，家里门客众多，在江东一带获得了与父兄一样的威名。

在兄长孙策与臣子们谋划大事时，孙权往往能提出一些好的建议，令孙策大为惊讶赞赏。每次大宴宾客，孙策都会告诉身边的孙权："记住这些人，他们今后都会辅佐你。"

公元196年，孙权刚满十五岁，就被孙策任命为阳羡县长，后来又举孝廉、茂才①，并代理奉义校尉之职。

孙策遇刺临终前，将大权交到孙权手中，并且谆谆教导说："如果讲聚合江东民众的力量，争霸江东、谋求天下，你比不上我；但是如果论起举贤任能，让臣子们尽心巩固江东土地，我比不上你。"

十八岁的孙权被寄予厚望，但是他始终沉溺于丧兄之痛中无法自拔，每天都伤心哭泣，以至于没办法专心处理政务。张昭劝慰他说："现在天下大乱，群雄并起，正是建功立业的好时机。您只知道伤心忧愁而不处理政事，就和敞开大门迎接强盗是一样的道理，一定会深受其害的。"

一番话醍醐灌顶，让孙权警醒起来。他擦干眼泪，着手处理政事，踏上了父亲和兄长走过的大道。

坐稳江东

孙权当政后，发现自己父兄手下的将领中有些有勇无谋，就挑

---

①茂才：即秀才。东汉时，为了避讳光武帝刘秀的名字，将秀才改为茂才。

选提拔了一批年少有为的将领补充到军队中。

有一次，出身寒门的周泰被孙权点将镇守濡须坞，副手是小将朱然和徐盛。孙权担心两位小将不服气，便假借视察之名到濡须坞。在宴席上，孙权让周泰把衣服脱掉袒露上身，众人看了都大吃一惊，周泰身上遍布伤痕，几乎体无完肤。

孙权指着周泰的伤疤一一询问："周将军，这一道伤是怎么来的？""周将军，那一道刀疤是怎么回事？""周将军，这一道口子是在哪场战斗中受伤的？"

周泰一一如实回答，在座的众人都惊得目瞪口呆，方知周泰浴血疆场之辛劳。

孙权抚摩着周泰的臂膀，诚恳地说："周将军，你我情同手足，你在战场上为我舍命杀敌，以至于浑身伤痕累累，我又怎么能不感念你的一片忠心，怎么能不对你委以重任呢？"

这番话不仅感动了在座的老将，更让周泰感激涕零，从此在战场上更加奋勇当先。曹操率军来到濡须口，远望东吴大军的阵容，不禁为整肃的军容所震撼，他几次三番都没有办法取胜，只能感叹："生子当如孙仲谋！"然后就退军了。

孙权不但知人善用，而且用人不疑。诸葛亮的哥哥诸葛瑾一直在孙权帐下为官，曾经做过南郡太守、大将军。在吴蜀夷陵之战前，诸葛瑾从大局考虑，写信劝阻刘备撤军，以防吴蜀联盟破裂、曹魏

从中渔利。这件事很快就被孙权知道了，但孙权并不相信诸葛瑾通敌，还对告密者说："孤和子瑜之间是生死之交，子瑜不会辜负我，就像我不会辜负他一样。"

　　孙权用人不计较一时失误，对个人恩怨也毫不在意。在孙权还没有当权时，私下里向掌管财务的吕范索要财物，但是吕范每次都会上报孙策后才肯借钱。当时，孙权对吕范是有点怨恨的。而功曹周谷却为孙权做过假账，帮助孙权逃过了孙策对胞弟的钱款审核，孙权十分感激周谷。但等到孙权上位后才明白，原来吕范是一个忠诚可靠的官员，而周谷却是个势利小人。因此孙权不起用周谷，却重用吕范为大司马。只可惜印信和绶带还没有交到吕范手中，吕范就过世了。

长兄如父

孙权之所以能够成为江东霸主，他的哥哥孙策功不可没。孙权虽然年幼丧父，但却从哥哥那里受到了很多人生教诲，这就是古人常说的"长兄如父"。这个典故来自孟子《踦道》，曰："理亦无所问，知己者阁睿。良驹识主，长兄若父。"意思是说：家中的长子、老大，应协助父母照顾弟妹，主持家务；家中父母不在时，家中的老大要担起父母的责任，照顾好弟妹，尽扶养、教育之责。

鞠躬尽瘁为明主的诸葛亮

　　诸葛亮在小说《三国演义》里能呼风唤雨，多智而近妖。我们耳熟能详的"借东风""空城计""草船借箭""七擒孟获"等事迹闪耀古今。但历史长河中的诸葛亮，虽聪慧过人却也有血有肉；虽博学多才却也并非神通广大；虽精通文韬武略却并非常胜不败……

白帝城托孤

　　公元219年十二月，关羽在东吴被俘遇害，刘备为给义弟复仇，不听诸葛亮的劝阻御驾亲征，结果一败涂地。刘备悲愤交加，病倒在白帝城。他知道大势已去，便派人日夜兼程去请诸葛亮托孤。诸葛亮安排太子刘禅留守都城，自己带刘备的另外两个儿子刘永、刘理赶到白帝城，在永安宫里见到了奄奄一息的刘备。

　　刘备眼含热泪，用手抚着诸葛亮的肩头说："自从得到丞相辅佐，孤才有了蜀地这一片天地。只可惜我目光短浅，没听从你的意见，才有了今天的大败，追悔莫及。如今，孤的身体很难痊愈，太子孱弱无能，孤不得不将国家大事托付给丞相。"

　　诸葛亮听了刘备的话，忍不住热泪纵横。刘备瞥见身边的将官队伍里有马谡①，便让马谡先退下了，然后对诸葛亮说："马谡这个人不宜重用，孤觉得他名不副实，丞相可要好好考察他一下啊！"

　　紧接着，刘备让众将官都到永安宫来，亲笔写下遗诏，交到诸葛亮手里，叹息着说："孤原本打算和你们共同铲除曹贼，匡扶汉室，可谁知孤要中途撒手了。请丞相将孤的遗诏交给太子刘禅，以后国家大事还承望丞相辅佐。"

　　诸葛亮听完，立刻跪拜在地："陛下请放心，臣等一定辅助太子，光复汉室！"刘备嘱咐侍者扶起诸葛亮，伸手拭去眼泪，握着诸葛亮的手说："孤真的快要死了，有几句肺腑之言要告诉你。"诸葛亮上前问："陛下有什么事要嘱咐吗？"刘备说："丞相才华举世罕见，比曹丕高明十倍，一定能够成就大业。太子刘禅你能帮扶就帮扶，如果他难堪大任，你就取而代之吧！"诸葛亮听了，伏地痛哭："臣愿为国家、为陛下鞠躬尽瘁，一直到死了为止。"说着话

①谡：sù。

还不停地叩首。

刘备长叹一声，永远地闭上了双眼。那年，他六十三岁。

巧收姜维

公元228年春，诸葛亮第一次出祁山，沿途各县纷纷响应投靠。当时的天水太守马遵正带姜维和功曹①梁绪、主簿②尹赏、主记③梁虔等人，跟随雍州刺史郭淮视察各地防务。诸葛亮巧用诈城计，佯装攻打南安，天水关太守马遵中计，立刻带领人马直奔南安去解围。

当时担任牙将的姜维看穿了诸葛亮的计策，告诉马遵说：进攻南安是障眼法，蜀国真正的目标是天水关。

马遵听完吓出一身冷汗，接着姜维献出了一个既可以打败诸葛亮又能解除南安危机的妙计。马遵半信半疑，姜维便立了军令状，马遵这才下令按照姜维的计划行事。

此时的诸葛亮正兴奋地等着赵云将军凯旋。可传来的消息却是赵云在天水关前被困，这让他十分震惊。他立刻派兵去解救赵云，

①功曹：官名，亦称功曹史。西汉始置，为郡守、县令的主要佐吏。

②主簿：官名，是各级主官属下掌管文书的佐吏。魏、晋以前主簿官职广泛存在于各级官署中；隋、唐以后，主簿是部分官署与地方政府的事务官，重要性减少。

③主记：官名。汉、魏、两晋、南朝郡县属吏之一，北朝仅北齐清都郡及畿县有此吏。主记录文书等事。

又命马岱去调查是什么人破坏了他的妙计。很快，诸葛亮就知道了这个智勇双全的人叫姜维。诸葛亮认为姜维是难得的将帅之才，又听说姜维为人孝义忠诚，就有心降服他。

于是，诸葛亮设下了一个"反间计"：一面让马岱等将领拖住姜维；一面让大将魏延装扮成姜维的模样跑到城下"骂关"；一面派赵云到天水关救出了姜维的母亲和妻子。马遵本来就心胸狭隘，误以为姜维投降了蜀国，于是连夜跑到上邽①城。这时候，姜维在凤鸣山被困，绝无突围的可能。

诸葛亮晓之以理、动之以情地劝说姜维，并将他的妻儿老小接来团聚。

姜维被诸葛亮的爱才之心深深打动，最终归顺了蜀国。

错看马谡

公元 228 年，诸葛亮第一次兵出祁山。出征前，他信誓旦旦地写下《出师表》，表达了对这次行动必胜的信念。只要斩断关陇通道，不让曹魏的后续部队靠近陇西，陇右诸郡就会被蜀军一口吞下。

对曹魏来说，只有从街亭下手，才能尽快打通进入陇西的关卡。

①邽：guī。

如此重要的关卡，选什么人来把守呢？很多人提议用大将魏延，但因为魏延脑后有反骨，诸葛亮对他有成见；还有人举荐吴懿，诸葛亮依旧不说话；因为他心中已经有了合适的人选，就是马谡。

　　可是大家集体反对任用马谡，认为他言过其实，刘备临死前甚至嘱咐诸葛亮对待马谡要慎重……但马谡是诸葛亮好朋友的胞弟，且诸葛亮和马谡经常一起谈论兵法，生擒孟获也是马谡献的良策。因此，诸葛亮认为马谡是个不可多得的人才，执意让马谡守卫街亭，马谡也立下了军令状。

　　马谡到达街亭后，忽略了诸葛亮的嘱咐，不顾众人反对，在街亭附近的山上安营扎寨，想等曹魏大军进入包围圈后利用三面环山的地形优势用弩克敌制胜。不料，马谡的妙计被曹魏的大将张郃识破，张郃切断了马谡的水源，马谡只得带领人马下山与张郃大战，最后寡不敌众，街亭失守，蜀军惨败，退回汉中。

　　马谡知道自己闯了大祸，便畏罪潜逃，丞相长史向朗原本知情，但出于爱才之心，并没有将这个消息报告给诸葛亮，导致被诸葛亮弃之不用达二十年之久。最终马谡被抓回，并处以极刑，然而还没有到处斩的日子，马谡就在狱中生病死了。

军令状一出，驷马难追

诸葛亮之所以非杀马谡不可，还有个重要原因是马谡立过军令状。顾名思义，军令状的起源和军队行军作战有着密切的关系，其目的就是为了加强指挥官的责任感，确保战斗的胜利。立军令状，贵在自我加压，不留后路。军中无戏言，立下军令状，白纸黑字，那是要兑现的。马谡为守街亭立下军令状，后街亭失守，诸葛亮不得不军法处置。还有赤壁之战中草船借箭时，诸葛亮也在周瑜面前立下军令状。当然，敢立军令状，也是高度自信的表现。

宁为玉碎，不为瓦全的孔融

孔融，东汉末年著名文学家，是孔子的二十世孙。他天赋过人、才华横溢，汉献帝在位时曾经担任过北海相①之职。后来因为对当权者不满，多次言辞激烈地抨击朝廷，遭到曹操的猜忌，最终被处以极刑。孔融一生耿直，死得何其悲壮！他为儒家知识分子树立了精神楷模，是没落的东汉王朝硕果仅存的中流砥柱。

一门孝义

孔融天性好学，小小年纪就博览群书，懂得人生在世的许多道理，特别是对孝义二字最为看重。

孔融十三岁那年，父亲孔宙突然去世，这让孔融悲痛过度、茶

①北海相：北海是指现在的山东潍坊，北海相是地方长官。

饭不思，每每需要人扶着才能站起来。州里的官员和百姓们都被他的孝心感动了，提起他来都会竖起大拇指。

有一位很有名的知识分子名叫张俭，被掌权的中常侍侯览嫉恨追杀，接到秘密令的州郡都在搜捕张俭。恰恰张俭和孔融的兄长孔褒是知己好友，张俭万般无奈下便逃到孔褒家中避难，但不凑巧的是孔褒却不在家。当时的孔融年仅十六岁，还是个稚气未脱的少年。张俭一看孔褒不在，孔融又年轻，就没有把自己的真实处境实言相告。孔融看着张俭窘迫的样子，诚恳地对张俭说："哥哥虽然在外未归，我难道不能以东道主之礼来接待您吗？"执意把张俭留住在家中。

后来事情泄漏，自国相①以下的人都秘密地压下此事，张俭得以逃脱。但孔褒、孔融却被逮捕入狱，只是朝廷不知他们兄弟二人是哪个窝藏了逃犯。孔融说："收容张俭的是我，有罪归我。"孔褒说："张俭来找我，不是弟弟的罪过，罪在我，我心甘情愿。"官吏问他们的母亲，母亲说："年长的人承担家事，罪责在我。"一门都争着赴死，郡县迟疑不能决断，于是向朝廷请示。诏书最后定了孔褒的罪。

因为这件事，孔融的仁义之名远扬四海，人人称赞。

---

①国相：汉代封为王爵者，设有王国的一套职官，重要的职官有傅及相。傅辅佐国王个人的行动，相管王国内的民事。

直言犯上

孔融天生刚直耿介、一身傲骨，从来不向当权者屈服。早年刚刚踏入仕途，他就初露锋芒、纠举贪官，一条条地陈述这些人的罪状，大快人心。

后来董卓操纵朝廷废立皇帝时，他又经常忤逆董卓的旨意，结果遭到董卓的报复，从虎贲中郎将左迁①为议郎。后来在许昌，孔融又常常议论或写文章攻击、嘲讽曹操的一些措施。太尉杨彪因与袁术有姻亲，曹操因为厌恶袁术而迁怒于杨彪，打算杀掉杨彪。孔融知道后，顾不得穿朝服就急忙去见曹操，劝说曹操不要滥杀无辜，以免失去天下人心。因为孔融的据理争辩，杨彪才得免一死。

公元 204 年，曹操攻下邺城，其子曹丕纳袁绍儿媳甄氏为妻，孔融知道后写信给曹操说："武王伐纣的时候，就把妲己赐给了周公。"曹操不明白这是对他们父子的讥刺，还问此事出自什么典故。孔融回答道："看看今天曹丕的行为，和当年武王送妲己给周公的情形是一样的。"

战时连年用兵，又加上灾荒，军粮十分短缺，曹操为此下令禁酒，孔融又一连作书加以反对。

对于孔融一再与自己作梗，曹操是早怀嫉恨的，只因当时北方

---

①左迁：降低官职，贬官。

形势还不稳定，而孔融的名声又太大，不便对他怎样。到了公元208年，北方局面已定，曹操掌握了朝廷的实权。在着手实施他的统一大业前夕，为了排除内部干扰，便对孔融下手了，一代大儒的人生也就画上了句号。

而孔融本人还一无所知。

莫须有之罪

因为孔融几乎处处与曹操作对，不仅和狂妄自大、曾经辱骂曹操的祢衡交往过厚，孔融还在许昌家中和四方宾客非议曹操，曹操实在是忍无可忍了。

公元208年，此时大权在握的曹操丝毫不用顾忌杀孔融带来的坏名声了。为了彻底打掉孔融的赫赫声名，曹操开始周密、严谨地部署和策划。

首先，他任命郗虑出任御史大夫。御史大夫是管监察弹劾工作的，而郗虑素来与孔融不和，自然会十分卖命地搜罗孔融的罪行。郗虑果然不负使命，很快网罗了一堆孔融的反动言行。

其次，为了使杀孔融更具合理性，曹操高明地从忠孝两个道德最高层面下手打击孔融。孔融曾经扬言"有天下者，何必卯金刀"。"卯金刀"就是繁体的"刘"字，这就是谋反的论调。而且，从前

孔融在北海的时候，看到王室不安宁，召集徒众图谋不轨，后来和孙权的使臣谈话时，又毁谤朝廷。

此外，还有一个是不尊重先哲。孔融曾和祢衡互相吹嘘，祢衡赞孔融，说孔融是"仲尼不死"；孔融则回赞祢衡，说祢衡是"颜回复生"。二人都狂妄自大，而且孔融还不尊礼仪，嗜酒狂放。

孔融的另一个"把柄"就是不遵守孝道。某年闹饥荒的时候，孔融对别人说："如果父亲不好，宁肯把东西让给别人吃，让父亲饿死。"对于母亲，孔融认为母亲和儿子没有什么爱，就像一件东西暂时寄放在瓦罐里，倒出来后双方就毫无关系了。在忠孝至上的古代社会，孝是评价一个人最基本的道德标准。而且，汉朝主张以孝道治理天下。孔融这样大逆不道的反动言行，自然成了反面典型。曹操就是要借忠孝的罪名打击孔融，让人们觉得孔融罪有应得，罪不可赦。

曹操这样给孔融定罪，就再也没有人敢为孔融求情了，等待孔融的只有死路一条。名满天下的孔融最终被处以死刑，而且是在街市上当众行刑，连同他的妻儿也一起被诛杀了，一代名士就以这样悲剧的方式走完了自己的一生。

● 相关链接:

覆巢之下安有完卵

孔融被处死时，他的女儿只有七岁，儿子九岁，因为年纪小没有被处死，而是被寄养在别人家里。听说父亲孔融要被处死，两个孩子神色不变，仆人问："你们的父亲出了事，为什么你们一点反应都没有？"两个孩子说："哪里有巢穴被毁坏，而卵却不破的道理？"主人拿肉汁给兄妹两人喝，男孩感到口渴就喝了。孔融的女儿却说："今天这样的祸事，难道哥哥还觉得能够活下去，还需要知道肉味吗？"哥哥听完就号啕痛哭，喝不下去了。有人把这件事告诉了曹操，曹操决定杀掉这两兄妹。没想到孔融的女儿对哥哥说："如果父亲母亲泉下有知，我们死后能够见到他们，难道不是我们最大的心愿吗？"说完便自刎而死，周围的人都流下了悲伤的眼泪。

忠肝义胆武圣人

　　一说到关羽，人们自然会想到一个字"忠"，关羽俨然成了忠诚的代名词。他作为三国时期鼎鼎大名的将领，刘备的义弟，因忠贞不贰、不受金银珠宝高官厚禄之贿而名留青史。在历史上，关羽的将帅之才、文韬武略以及坚毅果敢的个性都备受推崇，后世人称他为"武圣人""关圣大帝"，对他敬仰之至。

水淹七军

　　公元 219 年七月，为了进一步吞并曹魏的领地，关羽亲自率领大军攻打樊城。战事吃紧，曹操派大将于禁为南征将军，庞德为先锋，率领七路大军连夜奔赴樊城解围。关羽得到消息后，亲自迎战。

　　庞德骁勇善战，和关羽大战百余回合不分胜负。庞德使诈逃走，关羽拍马紧追。不料，庞德突然回身一箭射中关羽右臂。

　　临阵受伤，关羽心头愁云四起。有一天，关羽骑马出城登高远望，看襄江滔滔，水势不断上涨；又看到北山谷内人马纷乱，原来是曹兵迁移到城北安营扎寨了。于是，一个"水淹七军"之计马上跃上心头。关羽急忙命令手下将士准备船筏，整理雨具，又派一队人马去江边堵住各出水口。

　　曹营内，庞德等人正在议事，庞德认为山谷地势低洼，不宜久留，应该马上将营寨移到地势较高的地方。可这天夜里，突然狂风大作，大雨交加，襄江水一下子涨了起来。庞德觉得大事不妙，但还没来得及反应，就听到外面万马奔腾，喊声震天。他急忙出帐，发现洪水铺天盖地地涌入军营，曹军的军马都被洪水卷走，死伤无数。

　　于禁和庞德带着残余部队拼命跑到一座小土山上，不料关羽随后就带着大军杀了过来，曹军残部寡不敌众，于禁无奈之下只能投降关羽。但庞德却誓死不降，他抢夺了一只小船，想顺水逃到西边，最终被生擒活捉。

刮骨疗伤

　　关羽不仅在战场上神勇无敌，还是个铁骨铮铮的汉子。有一次，关羽在攻打樊城时，一不留神被曹军的冷箭射中右臂。这支箭上

有毒，当时关羽就觉得疼痛难忍。手下将官请求关公班师回荆州医治，关公却摇头不答应："这点小伤不算什么，不要耽误了军国大事！"

自此以后，关羽的箭伤就变成了顽疾，总也不好，一到阴天下雨就疼得厉害。每次疼痛发作时，关羽就和马良下棋转移注意力，免得脸上露出痛苦的表情扰乱军心。

后来终于找到一个医术精湛的大夫，他检查了关羽的箭伤后担忧地说："将军的手臂如果再不医好，恐怕便要废了！如果想治好，必须把您的手臂牢牢绑在柱子上，然后用刀割开皮肉、露出骨头，再用刀子刮去骨头上的毒，最后上药，这样才能彻底治好。但是这个过程极为痛苦，我担心将军会受不了。"

关公听了，哈哈大笑起来："关某并非凡夫俗子，这点痛算什么！也不必把胳膊捆在柱子上！"

说完，关羽让手下安排好酒宴，单手向大夫敬酒："先生先用些酒菜吧！"关公陪着大夫喝了会儿酒，便伸出受伤的右臂，说："先生现在就请治疗吧，我依旧吃酒！"

大夫见状，取出一把尖刀。他看准伤口的位置，一刀下去割开皮肉，关公的脸上不见一丝痛苦。大夫说："把骨头上的毒刮走就可以了。"他一边说话，一边用刀子在关羽的骨头上来回刮，发出

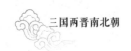

了"唰唰"的声音，鲜血从胳膊上汩汩①流下。帐中的将士们都大惊失色，只有关羽仍然吃肉喝酒不停，表情气定神闲。一会儿，大夫刮尽了毒，敷好药，把伤口缝好，称赞关羽是真英雄。

关羽用铁骨铮铮的硬汉形象，青史留名。

大意走麦城

公元219年十月，曹操亲自抵达洛阳，派大将徐晃指挥对战樊城。身经百战的徐晃一到，就攻克了樊城附近的四冢屯。为了抵挡徐晃的猛烈进攻，关羽亲自率领五千骑兵前来迎战。

当年关羽被迫降曹时，和徐晃关系很亲密，两人如今在战场上见面，互相嘘寒问暖。说完家常，徐晃立刻掉转马头，对自己的部下说："谁能取得关羽的人头，赏黄金千两！"

关羽大为吃惊，"徐兄，这是为什么？"

徐晃正色道："这是国家大事，应该公私分明！"

一场大战后，关羽战败，被迫撤离樊城。这时候，关羽才知道江陵守将竟然将江陵拱手献给了东吴大将吕蒙。此时关羽腹背受敌，只得退兵去攻打江陵。

关羽多次写信给吕蒙，责怪他违背孙刘联合之盟，趁机抢占江

---

①汩汩：gǔ gǔ，拟声词，形容水流动的声音。

陵。吕蒙却展开攻心计，优待关羽的信使，让他到城里探望关羽手下将士的亲眷。信使回到关羽帐中后，就把吕蒙优待将士家人的事散布开来，一时间军心涣散，大家都无心打仗了。最终，关羽孤立无援，只得星夜败走麦城。

　　孙权派人劝降关羽，关羽假装投降，趁机逃走。在逃亡过程中遭到东吴军队的伏击，最终被俘，关羽拒绝投降，被孙权处死。

❀ **相关链接：**

"武圣人"的称号是怎么来的？

因为关羽为国尽忠、待人诚恳、骁勇善战、义薄云天。他去世后，其形象逐渐被后人神化，在民间成为"忠义"的化身，被尊称为"关公"。清代时，关羽被官方封为"忠义神武灵佑仁勇威显关圣大帝"，崇为"武圣"，与"文圣"孔子齐名。清政府还在北京修建了关帝庙，并通令全国普建关帝庙，按时奉祀香火。武圣关公庙数量之多，远远超过了文圣孔庙，成为战神、财神、农神，是全方位的万能之神，为历代统治者和百姓万民上下共仰。

粗中有细的猛张飞

在三国历史的烟尘里，有许多叱咤风云的猛将，张飞就是其中一员。小说和传说中的张飞有万夫不当之勇，但却鲁莽冲动。然而，历史上的张飞骁勇威猛，却不是粗率横莽之人，他还有一些文士的气质，比如爱惜人才、善用计谋等等。

酒醉失徐州

刘备奉诏攻打袁术时，张飞毛遂自荐要守卫徐州。徐州乃军事要地，刘备怕张飞醉酒误事，临行前一再嘱咐他不许喝酒，不许殴打士兵，并留下文官陈登帮张飞治军。

没想到刘备一走，张飞便大设宴席请文武官员喝酒。席间，陈登苦口婆心地劝阻，张飞却一点也听不进去，一意孤行，大声地说："今

天晚上每个人痛痛快快地喝一场，明天好好守城！"他甚至还逐个劝酒，轮到曹豹时，曹豹以戒酒为名拒绝了。张飞非要曹豹喝，曹豹就是死活不喝，央求道："吕布是末将的女婿，希望将军给个脸面，免了在下这杯酒吧！"张飞早有杀吕布之心，听了这话气得怒发冲冠，非要打曹豹一百军棍不可。众人极力劝阻，曹豹被打了五十棍才罢。

曹豹怀恨在心，趁着张飞酒醉不醒，派人跑到小沛报告了守将吕布，说张飞打算除掉吕布。吕布听了大怒，连夜带着大军来攻打徐州。这时张飞已经酩酊大醉，根本没法应战，只好仓皇弃城逃走，连城里刘备的家眷都顾不上带走。

徐州就这样失守了，张飞自觉没有面目再见刘备，羞愧得拔剑准备自刎。刘备爱惜张飞的英武，又顾念结拜之义，免除了张飞的死罪，张飞感动得连连叩首谢恩。

义释严颜

严颜原本是刘璋部下，在巴郡当太守。公元212年，刘璋面临曹操和汉中张鲁的威胁，不得已派人请刘备入益州。老将严颜长叹一声说："这种做法无异于独自坐在没有出路的深山里，然后放出老虎来保护自己啊！"

果然不出严颜所料，公元213年，刘备与刘璋撕破了脸。张飞、诸葛亮、赵云等带领荆州的大军陆续进川。张飞带兵来到江州，这里是严颜管辖的地方。张飞一路过关斩将，战无不胜，根本不把年老的严颜放在眼里，但没想到严颜精于攻防守城，张飞没有占到任何便宜。后来张飞派人散布谣言，说要入城屠杀百姓。严颜中了计，一出城就被张飞活捉了。

张飞问严颜："为什么你不投降呢？"严颜十分有骨气地说："你们这些无礼小人，用阴谋诡计抢占别人的地盘！对你们这样的人，我严颜决不投降！"

张飞听后气得七窍生烟，要立刻杀掉严颜。但是严颜视死如归，一点也不怕张飞的威胁。张飞对严颜油然生出了英雄相惜之情，严颜虽然年纪大了一些，但如此英勇善战又不怕死，真是令人敬佩。想到这里，张飞就释放了严颜。

张飞有意收服严颜，便请帐中谋士给自己出谋划策，几次三番劝服，严颜终于被张飞的诚心打动，投靠了张飞。

死于部将之手

关羽被东吴孙权所害，消息传到阆中，张飞日夜啼哭，眼泪把衣服都打湿了。部下将领们劝他喝酒解愁，没想到酒醉后张飞的脾气愈发暴躁。只要发现有士兵犯错，便狠心鞭打，以至于多人被鞭

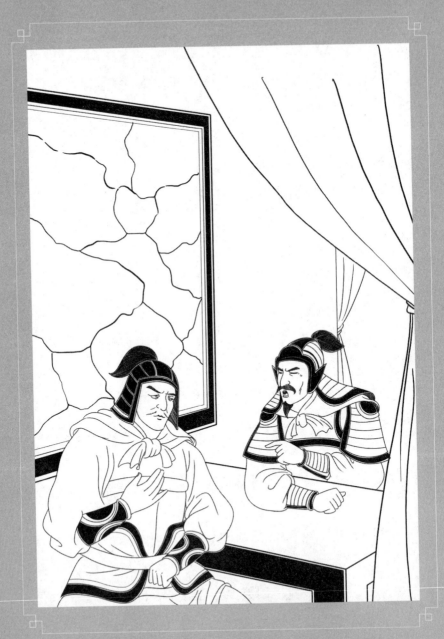

打致死。

刘备听说后，就劝张飞："你鞭打责罚士兵，还让这些人追随你，早晚是要生祸害的呀！"刘备本想劝张飞对下属宽容些，但张飞非但不听，反而愈演愈烈。他下令军中三日内制办好白旗白甲，好让三军将士披挂上阵，攻打东吴为关羽报仇。

张飞帐下的两员末将范疆和张达告诉张飞说："将军，短短三日，没办法备好白旗白甲，再宽限些日子吧。"张飞气得喝道："张某急于为哥哥报仇，恨不得明天便一举攻克东吴，你们竟敢违抗我的命令！"就让人把他们捆在树上，每人受了五十下鞭刑，范、张二人被打得皮开肉绽，满嘴吐血。张飞生气地用手指着二人说："明天一定要将白旗白甲全部准备好！否则就杀掉你们示众！"

范疆悄悄对张达说："今日我们受了鞭打，还怎么筹办物资？张飞一贯暴躁，如果明天我们完不成任务，都会被处死啊！"张达咬牙说："与其他杀我们，不如我们杀他！"范疆说："可是他那么勇猛，我们怎么是对手？况且也没有办法接近他呀！"张达说："如果我们两个命不该绝，那么他这会儿就会喝醉酒躺在床上；如果我们应当死，那么他就不醉。赌一把！"二人商议完毕，就带着刀进了张飞的大帐中。

偏偏张飞又喝醉了，倒在床上呼呼大睡。范、张二人切下张飞的头，逃到东吴去了。

三国战场上真正的武器

在《三国演义》中，张飞的兵器是丈八蛇矛，关羽使的是青云偃月刀，吕布用的是方天画戟，但这都是小说杜撰出来的。在真正的三国时期，战争中常用的武器有矛、戈、环首刀、弓、弩这几种。小说中描写的刘备等人使用的双剑只是一种高雅的象征，根本不会在战场上出现，而吕布的方天画戟也是仪仗队使用的。

宽宏大量的周瑜

　　"诸葛亮三气周瑜"的故事家喻户晓，大家都听说三
国时代的周瑜心胸狭隘，嫉妒诸葛亮。可事实上，周瑜是
一位杰出的军事家，他智勇双全、雅量广大、才华横溢。
他少年有为，辅佐孙策、孙权两代君主，为创建东吴政权
立下了汗马功劳。他亲自指挥的赤壁之战，更是成为历史
上有名的以少胜多的战役。

火烧赤壁

　　公元 208 年，曹操挥师南下，刘琮全军投降，刘备的军队也抵
挡不住曹军的铁蹄。面对曹操大军压境，东吴文武百官惊恐不已，
张昭等老臣极力主张投降，和曹操议和。周瑜是主战派，他联合鲁
肃等人，极力说服孙权抗曹。正是由于周瑜的存在，坚定了孙权抗

曹的决心，并最终和刘备达成联盟，共同制敌。

赤壁之战一起，周瑜主动请战，亲自指挥战斗。由于北方士卒不习惯坐船，曹操便让人将舰船首尾连接起来，人马行于船上如履平地。

周瑜的部将黄盖献计说："敌众我寡，我们的兵力难以和曹军长期对抗。曹操把船首尾连接在一起，如果我们用火攻，可以一举击败他们。"

周瑜连连称妙，于是选取了艨艟①战船十艘，塞满干的芦苇荻草和枯柴，浇上油，船外面围上帷幕，上面插上旌旗。

周瑜使出"苦肉计"打了黄盖，黄盖诈降，派人送信给曹操。

那天晚上，东南风刮得正紧，黄盖带着这些艨艟战船出发了。船到江心时，黄盖升起船帆。曹军阵营中的官兵们都来围观，听说黄盖来投降的事，曹操也非常开心。

在黄盖的船队离曹军二里地远时，依计点燃了十艘船。趁着猛烈的东南风，着火的战船像一只只巨大的火箭向前飞驶，冲进曹军阵营。因为曹操的战船全部连接在一起，无法逃脱，不仅战船全部着火，连曹军设在陆地上的营寨也受了牵连。一时间，到处是浓烟烈火，曹军人马烧死和淹死的不计其数。

---

①艨艟：中国古代具有良好防护的进攻性快艇，是古代水军的主力船。船体狭而长，机动性强，便于冲击敌船。

随后周瑜率领精锐部队杀来，鼓声震天，曹军兵败，曹操退走华容道，在这场赤壁大战中彻底告负。

义让程普

周瑜性格开朗大度，待人非常谦虚。在东吴朝中，他的人缘很好，文武大臣都非常尊敬和喜欢他，但唯有程普对周瑜十分不满。

程普是跟随孙坚的老将，又帮助孙权的兄长孙策转战江南，是元老级别的人物。周瑜年纪轻轻，军功未见多少，职位却在自己之上，为此程普极为不服，所以他常常倚老卖老，给周瑜脸色看，让周瑜下不了台。

周瑜深知程普劳苦功高，避免和程普闹矛盾，所以处处克制自己，事事谦让程普，不计较程普的态度。有一次周瑜坐车外出时，半路上正好迎面碰上程普过来。周瑜赶紧命车夫让道，程普以为周瑜在讨好自己，扬扬得意。

公元 208 年，赤壁之战时，周瑜和程普分别担任东吴大军的左右都督 ①，但主要计策都是周瑜制定的。可赤壁大战胜利后，程普却到处显摆自己的功劳，贬低周瑜。周瑜听说后不仅不辩解，

①都督：是中国古代军事长官的一种，兴于三国，其后发展成为地方军事长官，明以后成为中央军事长官。

反而说："周某还年轻，如果没有程公的帮助，是不可能取胜的。"
周瑜一番诚恳谦虚的话，再加上他一贯的忍让，终于使程普感动了。
后来周瑜不计前嫌，多次登门向程普请教。最终程普终于抛下成见，
和周瑜和平相处，共同辅国。

"顾曲周郎"的来历

周瑜不但足智多谋，在战场上英勇无敌，还精通音律，有很高的音乐鉴赏能力，是个当之无愧的音乐家。周瑜听人演奏音乐时，即使多喝了几杯酒，有些醉意了，如果演奏稍有一点错误，也一定瞒不过他的耳朵。每当发现错误，他就会向演奏者望一眼。因为周瑜长得丰姿俊雅、气质出众，据说每次宴饮时，奏演的侍女为了让周瑜看一眼，常常故意弹错。后来，欣赏音乐或听歌、听戏就叫作"顾曲"，歌曲评论家、内行人就称为"顾曲周郎"。

从小卒到权臣的吕蒙

　　吕蒙是三国时期著名的大将，也是周瑜和鲁肃去世后孙权最仰仗的权臣。吕蒙幼年丧父，出身贫寒，年少时期就和母亲一起南渡。十五六岁时进入行伍，从小小兵卒到孙策身边的侍卫，一直到别部司马 ①、横野中郎将、虎威将军 ②、南郡太守，走了一条靠军功荣身之路。

大都督的胸怀

　　东吴的吕蒙和甘宁之间是亦师亦友的关系。甘宁字兴霸，性情暴躁，经常杀人，也经常违背吕蒙的命令。

---

①别部司马：汉制，大将军属官有军司马，秩比千石。其中别领营属者称为别部司马，共所率兵士数目各随时宜，不固定。
②虎威将军：三国时期杂号将军的一种，品级不详，魏吴都设有此职，而蜀汉没有。蜀汉名将赵云曾因汉水之战的英勇表现被军士称为"虎威将军"。

有一次，甘宁营内厨房中的一个叫厨下儿的厨子犯了错，逃去投奔吕蒙。吕蒙担心甘宁一怒之下杀死厨下儿，所以没有立刻把厨下儿给甘宁送回去。结果甘宁来拜望吕蒙，并赠送礼物给吕母，吕蒙趁机就把厨下儿带出来交还给甘宁，并且要求甘宁答应不杀厨下儿，甘宁满口答应了。

但吕蒙没想到的是，甘宁并没有听他的话，而是把厨下儿捆到桑树上，亲自拉弓把他乱箭射死了，然后若无其事地回去睡觉。

不一会儿工夫，吕蒙知道了这件事，气得七窍生烟，他没想到甘宁如此不讲信用，于是擂响战鼓聚齐将士，准备上船攻打甘宁。

甘宁在船舱里听到消息，索性躺着不起来。

这时候，吕蒙的母亲光着脚跑出来对吕蒙说："主上孙权对待你像对待亲生儿子一样，让你辅佐处理国家大事，你怎么可以滥用职权，因为私人恩怨就要杀国家大将呢？如果甘宁被你杀死，即使主上不兴师问罪，那作为臣子的你也违背了国家的法度。"

一向极其孝顺的吕蒙听了母亲的话如梦方醒，于是来到甘宁的船上，笑着喊他："兴霸，老母亲等你吃饭呢，快上船吧！"

甘宁原本以为自己必死无疑，忽见吕蒙谅解了自己，忍不住热泪滚滚，他哽咽着说："都督，对不起您了！"

他下船和吕蒙一起回去拜见吕母，开心地宴饮，从此，甘宁和吕蒙成为交情莫逆的知心好友。

定妙计白衣渡江

公元219年，关羽趁机进攻樊城，但他深知东吴的吕蒙计谋颇深，担心腹背受敌，所以他虽然亲自率大军在樊城，但对在他背后的东吴并没有放松警惕，将蜀吴交界一带的防守安置得严严实实。

吕蒙平时身体不好，他佯装旧疾发作，甚至对外宣布病得很厉害。孙权发布命令，让吕蒙回家休养，并派了一个叫陆逊的年轻人接替吕蒙的职位。关羽听到吕蒙病重，又听说继任者陆逊是个籍籍无名的年轻人，且只有二十三岁，心里暗自高兴。

几天后，陆逊特意派使者来拜见关羽，还带着陆逊的亲笔书信和大量礼品。信中大意是说："听说关将军在樊城水淹七军，俘虏于禁，四面八方谁不称赞将军的神勇！关将军攻克樊城，让曹操大败，我们也为您高兴。我一介书生，做主将是很不称职的，今后还望关将军多多照顾提携！"

关羽看了这封热情洋溢的书信，觉得陆逊态度谦虚诚恳，就放松了警惕，把原本防备东吴的人马陆续调到樊城。陆逊就把关羽的军事状况一一向孙权和吕蒙报告。

紧接着，关羽又在樊城接收了于禁的投降兵，大概十几万人，粮草供应变得比较困难，就抢占了东吴贮藏在湘关的粮草。

孙权立即命令吕蒙为大都督，派吕蒙迅速袭击关羽的大后方。

吕蒙把所有的战船都改装成商船，精心挑选了一批精锐部队藏在船舱里。船上摇橹的兵士乔装扮作商人，一律穿上商人的白色衣服。就这样，一艘又一艘伪装的商船向北岸进发了。

蜀军一看江上来的都是穿白衣的商人，就允许他们把船停在江边。没想到一到夜里，船舱里的兵士突然跑出来，悄悄摸进了江边防守的岗楼，把蜀军将士全部杀死，并占了岗楼。吕蒙的大军神不知鬼不觉地占领了北岸，继而进军公安。留守公安、江陵的蜀军将领本来对关羽就有成见，经吕蒙三寸不烂之舌一劝，就都投降了。

这就是白衣渡江，三国史上最成功、最经典的偷袭战之一。

英年早逝

从关羽手中巧妙夺过江陵后，吕蒙立首功，被孙权任命为南郡太守，封孱陵侯，赐钱一亿，黄金五百斤。

吕蒙再三推辞，不肯接受金钱，孙权不许。但封爵还没来得及公布，吕蒙的疾病就发作了，命悬一线。孙权请天下名医为吕蒙治病，每当吕蒙接受针灸治疗时，孙权就难过极了。孙权想多看望吕蒙，又怕他疲于应付，就派人在墙壁上凿了洞暗中观看吕蒙的身体情况。如果吕蒙吃下东西，孙权就高兴，对手下人有说有笑；如果发现吕蒙水米不进，孙权就长吁短叹，晚上睡不着觉；

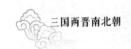

一旦吕蒙病情略有好转，孙权就下令让文武百官都来表示庆贺。后来吕蒙的病情还是加重了，孙权亲自到床前探视，问吕蒙："假如你不能病愈为孤效力，谁能替你镇守江陵呢？"吕蒙回答说："朱然勇气和谋略都充足有余，我认为他可以代替我接受任命。"

吕蒙最终在孙权的内殿中去世，终年四十二岁。孙权当时悲痛万分，甚至缩食减眠表达自己内心的悲伤。

吕蒙临终前，把自己生平所得的金银财宝和各种赏赐都交到府库中收藏，他告诉主管人员，等他去世后把这些财富全部还给东吴朝廷。他还留下遗嘱，自己的丧事务必节俭，不得奢侈。孙权听人报告了这件事后，越发悲伤难以自抑，封其子吕霸袭爵。

古代商人的"卑微"生活

吕蒙"白衣渡江"的故事中，为什么商人要穿白衣呢？这要从中国古代实行的重农抑商政策说起。古代政府为了鼓励人们从事农业生产，往往抑制商业，所以商人地位低下。秦汉时期，商人被认为是贪财重利的，因此即使他们富得流油，也不可以穿丝绸衣物，只能穿麻布衣服。唐朝时，商人不能入朝为官；明清时期随着社会的发展，商人的地位才得到提升。

才智无双忧国亡身的陆逊

陆逊是三国时期的东吴名将，历任吴国大都督、上大将军和丞相。他是孙策的女婿，世代为江东大族。公元222年，夷陵之战中，陆逊大败刘备的蜀汉军，一战成名，此后陆逊在东吴出将入相，位极人臣。陆逊晚年不幸卷入孙权二子——太子孙和与鲁王孙霸的斗争，为保太子遭孙权多次责骂，最后陆逊忧伤过度，含恨而终，追谥为昭侯。著名的文学评论家金圣叹说：陆逊乃三国第一人！

火烧连营七百里

公元221年七月，刚刚宣布称帝的刘备为报关羽之仇，集结四万大军伐吴。张飞原本准备从阆中起兵与刘备会和，不料因为虐待将士被杀。刘备将关、张二人之死都归罪于东吴，于是不顾赵云

等老将的劝阻，毅然东征。

　　孙权得到消息后立即派人求和，诸葛亮的哥哥诸葛瑾也给刘备写了书信，请求继续联合抗曹。刘备一概不听，依然率兵东进，连续在巫山、秭归大败阻击的东吴兵马。孙权如坐针毡，他不仅害怕刘备东进，更怕曹魏趁机南犯，因此选择了向曹操称臣。至此，孙刘联盟完全被破坏。

　　第二年春天，刘备从秭归继续东进，将军黄权自请带兵在前，让刘备在后坐镇，以备战败退守。刘备没有采纳，自己率领大军捣破吴境，深入吴地五六百里。一路上安营扎寨，营房连成一片，又建了数十座大寨，防备十分坚固。

　　孙权派陆逊为大都督，率领五万兵马拦击刘备。陆逊年轻，缺少资历，在军中没有什么威信。老将徐盛、潘璋和孙氏将领孙桓等都不大听从调度，他们看见陆逊按兵不动，任由蜀军深入东吴领地五六百里也不出击都纷纷责怪陆逊胆小懦弱。但陆逊打定主意，不管帐下将士议论什么，也坚决不动摇，只是坚守不出。陆逊当时的压力很大，一方面要忍受军营内部的舆论压力，另一方面要极其有耐心地同刘备进行周旋对峙。

　　刘备的连营借助了地利优势，依山建造，占据了要害；而且可以互为联络，粮草运输极为便利。所以陆逊想要通过拉锯战拖垮刘备的粮草供应是不可能的。不仅是东吴军营内，包括刘备都对陆逊

的举动大为奇怪，不知道陆逊的葫芦里卖的是什么药。

　　这样的坚守、对熬一直持续到六月，刘备还是忍不住了，派大将吴班带先锋部队到平地扎营，想要诱敌作战。东吴的将领们见状，都认为作战时机已到，纷纷请战，打算一举歼灭刘备。但陆逊依旧坚守不出，令众将士大为恼火。陆续不慌不忙地说："刘备狡猾，他身经百战，我们在平地和他作战没有必胜的把握，何况他占据地理优势依山安营扎寨。我们只能从容对待，慢慢找出漏洞克敌制胜。如今他突然派人把营地扎到平地，一定有诈。"大家都不信陆逊的判断，但很快探马来报，刘备带领八千精兵埋伏在山谷，隐蔽埋伏了好久。吃尽了苦头的蜀军，见无法引诱东吴军队前来，最终不得已才从山谷中出来。这时候诸将对陆逊才开始佩服起来。

　　孙权的同族将领孙桓带着本部人马在夷道作战时被围困，请求陆逊解围，但陆逊仍然按兵不动。众人都劝说道："孙桓是王族，为什么不救他？"陆逊说："孙将军向来很得人心，夷道城墙坚固粮草充足，不必担心。等到我们击败刘备，孙将军的围自然就解了。"

　　陆逊一直同刘备相持了七八个月，蜀兵终于松懈下来，陆逊这才召集将士商议进攻的事宜。大家对此战并不抱希望，因为刘备经过长时间准备，防守都加固了，现在更难进攻。但陆逊却说："刘备刚来时准备充足，不宜进攻；现在旷日持久，蜀兵疲惫不堪，

正是我们破敌的最好时机。"

陆逊派兵进攻蜀军的其中一座营盘，大败而还，损失了很多兵马。将士们怨声载道："这是让我们白白去送死！"殊不知，这正是陆逊的计谋。第一次进攻是想试探蜀兵的战斗力，明知打不过却发动进攻，从而让刘备和蜀兵产生轻敌的思想。

第二天，陆逊命令军士每人都举着一支用茅草做成的火炬用来引火，悄悄接近刘备的大营，偷偷将营栅点燃了。此时正值旱季，骄阳如火，营寨的栅栏沾火就着，整个蜀营顿时燃起了大火。吴军全部出动，蜀军各个营寨都起了火，绵延七百里。因为刘备扎的营寨都连为一体，为求地理之便都靠近山林及险要的地方，所以山林也被大火点着了。

这一场大火铺天盖地，刘备部下的将士几乎死伤殆尽，死尸塞住了江道。狼狈的刘备仅仅带着极少的随从逃回白帝城，愧悔交加，两年后就病死了。

屈死的陆逊

在孙权统治后期，太子孙和与鲁王孙霸为了争夺皇位争斗不休，东吴的文武百官大都开始站队，派遣子弟侍奉孙和或孙霸，想借此获得晋升的机会。而陆逊认为士族①子弟应该靠真才实学晋升，于是他采取了中立立场，怕这些支持两宫势力的子弟最后结党营私。

陆逊写信给支持孙霸的全琮说，如果他任由自己的儿子支持孙霸，早晚会给家族带来灾难。陆逊的苦心全琮完全不采纳，二人之间也由此产生了矛盾。

孙权私下里召见杨竺，询问应该立谁为太子。杨竺认为鲁王文才武略皆备，应该立他。孙权点头表示同意他的意见。当时有仆人藏在孙权的床下，把孙权和杨竺之间的对话一句不落地都听完了，并且向太子孙和报告。于是孙和与陆逊的同族子弟陆胤密议，并让陆胤请求陆逊上疏②表谏支持自己；太傅③吾粲也几次与陆逊通信。后来陆逊多次上疏支持太子，极力向孙权陈述嫡庶之分。

孙权猜到自己和杨竺的密谈可能泄露了，先后将杨竺、陆胤关进监狱审问，并派人几次三番前去责问陆逊，陆逊内心忧虑伤痛，于公元 245 年二月离世。

①士族：又称门第、衣冠、世族、势族、世家、巨室、门阀等。门阀，是门第和阀阅的合称，指世代为官的名门望族。
②上疏：是在朝官员专门上奏皇帝的一种文书形式。
③太傅：中国古代职官。始为国王的辅佐大臣与皇帝老师，掌管礼法的制定和颁行，三公之一。秦汉以后多为虚职。

◈ 相关链接：

王位继承：立嫡，立长，还是立贤？

中国古代最传统的继承制是"嫡长子继承制"，这是由西周时期的周公定下来的："立嫡以长不以贤，立子以贵不以长。"意思就是首先考虑嫡子，地位最尊贵的母亲生的那个，也就是王后娘娘的儿子。如果王后有众多嫡子，那么最大的那个可以继承王位。清朝选择接班人的标准要更合理一些，以贤能为准则。例如：康熙原本选择的是第一任皇后生的嫡长子胤礽，但这个儿子在做了三十多年太子后被废，最后继承大统的是四皇子胤禛，这就是按照立贤的原则。

神医华佗的陨落

华佗是三国时期的名医，历史上有关他医术的记载大多都神乎其神，甚至用"起死回生"形容也不为过。他发明了麻沸散，拥有先进的外科医疗技术，留下了传世健身术"五禽戏"。可就是这样一位神医，为何会死在曹操的手里呢？

刻苦学医

华佗七岁的时候，父亲得了疾病医治不及时去世了，华佗母子悲痛欲绝，设法把父亲安葬后，家中更是揭不开锅了。华佗的母亲就把华佗叫到跟前说："儿呀！你父已死，我织布也没有本钱，今后咱们娘俩怎么生活呀？"华佗认真地想了一想说："娘，不怕，城内药铺里的蔡医生是父亲的好友，我去求他收我做徒弟。学医，

既能给人治病，又能养活娘，不行吗？"他娘听了满心欢喜，就给华佗洗洗脸换了件干净的衣服，让他去了。华佗拜了师傅，就跟蔡医生学医，不管是干杂活还是采草药，华佗都很勤快卖力，蔡医生很喜欢这个小徒弟。

有一天，师傅把华佗叫到跟前说："你学医已经一年了，认识了不少药草，也懂了些药性，以后就跟你师兄抓药吧！"华佗十分乐意，就开始学习抓药。谁知师兄们欺负华佗年幼，铺子里只有一杆戥秤①，你用过后我用，从不让华佗沾手。华佗想：若把这事告诉师傅，责怪起师兄，必然会闹得师兄弟之间不和，但不说又怎么学抓药呢？华佗看着师傅开单的数量，将师兄称好的药逐样都用手掂了掂，心里默默记着分量，等闲暇时再偷偷将自己掂量过的药草用戥秤称称，对证一下。就这样天长日久，手也练熟了。

最终，华佗抓药的窍门被师傅发现了，他见华佗竟不用戥秤，抓了就包，非常气愤，责备说："我诚心教你，你却不长进，你知道药的分量拿错会药死人吗？"华佗笑笑说："师傅，错不了，不信你称称看。"蔡医生拿过华佗包的药，逐一称了分量，跟自己开的分量分毫不差。再称几剂，依旧如此，心里暗暗称奇。后来一查问，才知道是华佗刻苦练习的结果，他激动地说："能继承我的医学的人，必华佗也！"此后，便开始专心地教华佗望闻问切。华佗

---

①戥秤：děng chèng，一种小型的秤，用来称金、银、药品等少量的东西，称戥子。

也从他那里学到了精湛的医术，成为一代名医。

精湛医术

东汉末年战乱频繁，华佗凭借精湛的医术很快成了名医。华佗有一副菩萨心肠，为人治病不分对象、不论场合，专以治病救人为己任。他对很多病症都有自己独到的见解。

史书上记载，有一次，一个病人腹痛难忍。华佗为他施用了麻沸散，病人就像喝醉了酒一样浑然不觉。接着华佗切开了病人的腹腔，把病人坏死的肝脏切除，去掉那些腐烂的皮肉，然后再用针线把伤口缝合起来。一个月后，病人的顽疾就被根除了。这个手术的过程和现在西医的外科手术大同小异。华佗是中国医学史上第一个施行剖腹手术的外科医生；而欧美使用全身麻醉术是19世纪初的事，比中国迟了一千六百多年。

华佗曾经替广陵太守陈登治病，当时的陈登无缘无故面色赤红，心情烦躁，寝食难安。有个下属说："神医华佗在这里，何不请他来医治？"陈登马上命人去请华佗为自己治病。华佗仔细查看了陈登的病情后，胸有成竹地说："先准备十几个脸盆吧！"

众人不解何意，结果华佗一番诊治后，陈登吐出了十几盆红头虫子，在场的人全都吓得脸色苍白。华佗给陈登开了药，嘱咐道：

"您这个病是因为吃鱼得的，三年后还会复发，到时候再找我开药，就可以根除了。"

华佗临走时告诉了陈登自己家的地址，那年陈登三十六岁。三年后，陈登果然旧病复发，他派人依照地址去求华佗医治，可是药童告诉陈登的使者说："先生上山采药还没回来，也不知道什么时候能回来。"结果陈登没等到华佗回来便去世了。

华佗之死

华佗给陈登治病的事很快就传到了曹操的耳朵里，当时正是曹操和袁绍的对峙到了白热化的地步。只有打败袁绍，曹操才算是在北方站稳了脚跟。

曹操为了战胜袁绍，经常殚精竭虑，夜不能眠。可能是因为精神压力太大，以至于头疼难忍，经常要让人用布条勒住自己的头部使劲拉扯才能暂缓头疼。曹操听说华佗医术高明后，就把华佗请来给自己看病。

华佗刚到曹操府上治病的时候，曹操对他还是比较尊重的。华佗给曹操针灸之后，告诉曹操他这是慢性病，需要慢慢治，并让他好好休息，不可思虑太多。可是曹操心机深沉，成天思虑谋划，哪里歇得下来，所以他的头痛病时常复发。

他认为这是华佗故意不将自己的病治好，将责任全部归在了华佗身上。华佗见他不听自己的嘱咐，更何况以曹操的性格，如果他一直无法痊愈，自己肯定难逃一死。所以华佗假称要回家取药就离开了曹府。

许久之后，曹操见华佗还不回来，就让人去召他，华佗又称自己妻子得了病，不能回去。曹操不信，让人去查，发现华佗的妻子根本没有生病。曹操认为华佗在欺骗自己，不想给自己治病，就将华佗抓了起来，严刑拷打。最终，华佗死在狱中，连他写下的医书《青囊经》也因为无人敢收藏，只能一把火给烧了。

至此，神医陨落，给中国的医学史留下了莫大的遗憾。

相关链接：

传说中的"岐黄之术"

人们常把古代医学称作"岐黄之术"，这是为什么呢？黄指的是上古时代的轩辕黄帝，岐指的是他的臣子岐伯。

相传黄帝常与岐伯、雷公等臣子坐而论道，探讨医学问题。他们对疾病的病因、诊断以及治疗等原理设问作答，并进行阐释，其中的很多内容都记载于《黄帝内经》这部医学著作中。后世出于对黄帝、岐伯的尊崇，遂用岐黄之术指代中医医术。

口吃的大国工匠马均

　　马钧是汉末曹魏时期的人，是中国古代科技史上最负盛名的机械发明家之一，称得上是"大国工匠"。马钧小时候家境贫寒，又有口吃的毛病，不擅言谈却精于巧思，后来在魏国担任给事中 ① 的官职。他发明了指南车、木偶百戏，又改造了织绫机和用于农业灌溉的工具龙骨水车；此后，马钧还改制了诸葛连弩，对科学发展和技术进步做出了巨大的贡献。

制造龙骨水车

　　马钧当时在魏国做一个小官，住在京城洛阳。当时在洛阳城里，有一大块坡地非常适合种蔬菜，老百姓很想把这块土地开辟成菜园，

————————

① 给事中：官名。秦汉为加官，晋以后为正官。明代给事中分吏、户、礼、兵、刑、工六科，辅助皇帝处理政务，并监察六部，纠弹官吏。

可惜因无法引水浇地，一直空置着。马钧看到后，就下决心要解决灌溉上的困难。他在机械上动起了脑筋，经过反复研究、试验，他发明出一种翻车，可以把河里的水引上土坡，实现了老百姓多年的愿望。马钧发明的这种翻车轻巧便利，连小孩也能转动，比前人发明的水车可高明多了。它不但能提水，还能在雨涝的时候向外排水，可见进步之多、功效之高。这种翻车是当时世界上最先进的生产工具之一，从那时起，龙骨水车一直被中国乡村所沿用，直至实现电动机械提水。

复制指南车

在黄帝时期，中国已经有了指南车；后来在东汉时期，张衡也曾制作过指南车；到了三国时期，指南车的制作技术却失传了。因此当时很多人都认为指南车只是一种传说中的东西，从来没有存在过。马钧对此愤愤不平，他说："只是因为后人没有研究，所以认为指南车太过神秘，只要想做，指南车还是很容易做的。"当时两位朝廷官员还讥讽马钧异想天开。马钧觉得争论没什么意义，就打赌说自己能做出指南车来。

为了表示对这次赌约的看重，那两位官员甚至求见了当时的皇帝魏明帝，由魏明帝亲自下令让马钧制作指南车。

魏明帝对马钧说："如果你造不出指南车，就等着受罚吧！"

马钧没有说话，只是胸有成竹地点点头，之后便埋首钻研指南车，在没有任何参考资料和模型的情况下，马钧很快就利用他的机械知识制作出了指南车，这无疑是一个奇迹。

当马钧制作的指南车出现在众人面前时，那些曾经不相信指南车存在过的人顿时哑口无言，旋即纷纷竖起大拇指夸赞马钧技艺高超。

"杀人机器"的发明

马钧一系列的有益发明让后世记住了他的名字，他还设计过两种"杀人机器"，却因得不到支持而胎死腹中。

当时魏国在和蜀国打仗的时候，因为受制于蜀国诸葛亮发明的诸葛弩，魏军死伤惨重。在看到诸葛弩之后，马钧说："我可以让它射箭的效率提高五倍。"他利用自己的聪明才智对诸葛弩进行改进设计，可惜没有受到魏国的重视，这个改进一直只能停留在图纸阶段。

三国时期，两军交战中一方攻城的时候，经常使用一种叫发石车的武器向对方城墙上抛掷大石头攻击。这种发石车虽然威力巨大，但速度太慢，而且只能单发。如果敌人在城楼上张起湿牛皮，发石

车的威胁就会大大降低。马钧经过一番设计，做出了一种轮转式连续抛石车，可以连续发射石块攻击敌人，使对方来不及防御。为了试验设计的实用性，马钧做了一个小模型，用砖瓦来做试验，结果大获成功，砖瓦连续被抛出数百步远。马钧的这个设计同样没有受到重视，甚至被人说得一无是处。

文学家傅玄为马钧鸣不平，亲自向王侯推荐，并且说，只是费一点木材而已，为什么不能试一下？但是当时魏国主持军事的人就是连试一下都不肯，马钧的又一项发明就此胎死腹中。

古代民间杂耍——百戏

马均曾发明了会表演的百戏木偶。百戏究竟是什么呢？百戏是古代民间表演艺术的泛称，"百戏"一词产生于汉代，秦汉时已有，汉代称"角抵戏"。包括找鼎、寻橦、吞刀、吐火等各种杂技幻术，装扮人物的乐舞，装扮动物的"鱼龙曼延"及带有简单故事的"东海黄公"等。百戏是对民间诸技的称呼，以杂技为主。

文武全才的短命帝王曹丕

　　魏文帝曹丕是曹魏政权的开创者，也是三国时期著名的文学家。他文武双全，骁勇善战，是一位具有天赋之资的政治家。公元 220 年十二月，曹丕以魏代替了日薄西山的汉王朝，从而真正形成了三国鼎立的局面。虽然曹丕仅仅在位七年便去世了，但他的政绩和文采却在历史的天空中留下了永不磨灭的光彩。

骨肉相争

　　曹操有二十五个儿子，长子曹昂被张绣所杀，曹操偏爱的则是环夫人所生的曹冲。曹冲是个神童，可惜十三岁就早殇了。曹操当时就对曹丕和其他儿子说："曹冲的死是我的不幸，却是你们这些曹姓子弟的幸运。"曹丕后来也常对人说："如果曹冲健在，我根本得不到天下。"曹操的儿子们都非常出色，虽然曹丕多才多艺，但风流文采的曹植因为和父亲脾性相投，深受曹操宠爱。于是，一场亲兄弟之间的王位之争在所难免。

曹丕和曹植都很优秀，曹操在立嗣的问题上犹豫不决，时间久了，曹操的手下自然形成了拥丕派和拥植派，两个利益集团之间经常互相算计，互相倾轧，矛盾越来越突出。

其中，辅佐曹植的谋士中有个叫杨修的，他足智多谋，又担任曹操的主簿，能获取第一手的消息，因此对曹植十分有利。也正是在杨修的出谋划策下，曹植渐渐在王储争夺中占据了优势和主动，差点就成了太子。但是曹丕也笼络了一批谋士积极应对，让曹操渐渐疏远了曹植。

公元 217 年，曹丕在司马懿、吴质等大臣的辅佐下，彻底把弟弟曹植打败，被立为魏王世子。

残杀手足

曹丕的性格里也有曹操凶残猜忌的一面，因而他一步步夺取王位的过程，也是对手足下毒手的过程。

曹操的所有儿子中，实力能够和曹丕抗衡的只有两位：一位是曹彰，一位是曹植。他们一个有武功，一个有文采，且和曹丕一样，

都是卞夫人所生，可谓一母同胞。

面对王位的诱惑，曹丕狠下心肠，在蒂枣中下毒毒死了曹彰；然后一心对付曹植，曹植之所以能死里逃生，都是因为生母卞夫人的极力护佑。卞夫人流着眼泪哀求曹丕道："你已经杀了曹彰，不该再杀曹植啊！"

曹丕也怕事情闹得无法收拾，才不得不停止了直接针对曹植的行动，但是却把曹植长期软禁在苦寒之地，任由胞弟在那里抑郁而终。

文武全才

曹丕多才多艺，琴棋书画无所不通，特别擅长击剑和骑射，左右手都能射箭。有一天，曹丕宴请奋威将军邓展。曹丕早就听说邓展精研武术及各种兵器，就和邓展谈论剑术。说着说着，曹丕皱着眉头说："我对剑术也有些研究，曾得高人指点，我觉得听你说的，似乎有些地方不对。"邓展听了很不服气，就要求和曹丕实地比试一番。此时酒桌上恰好有甘蔗，两人就约定以甘蔗为剑进行比武。曹丕和邓展对打起来，几个回合过去，邓展的手臂连续三次被曹丕刺中，围观的人都哈哈大笑。

邓展的脸都红了，他要求重新比一次。曹丕谦虚地说："我的

剑虽然快但剑招集中，很难击中你的脸，所以只是打中你的手臂而已。"但邓展不服气，执意要再比一次。曹丕知道这次邓展一定会突然向中路发动猛攻，就佯装漫不经心地向邓展发起攻击，邓展果然中计，猛地冲杀过来，曹丕却迅速退步闪过。同时出手如电，一下子从上方击中邓展的额头，这一招实在巧妙，让酒席上的宾客都禁不住大声喝彩。

这一幕让邓展心服口服，曹丕笑着对邓展说："从前有一个名医叫杨庆，他曾叫淳于意将自己的旧秘方全部抛弃，要另外教授他医术。我看邓将军从此以后也把旧剑术抛弃，接受我的击剑方法吧。"话音刚落，满座宾客都忍不住笑起来。

神秘的曹丕墓

古代皇帝对自己的长眠之地都非常关注，大造墓穴，但曹丕对待生死的态度却非常开明。他曾经写过一首诗："寿命非松乔，谁能得神仙？遨游快心意，保己终百年。"他生前亲自撰写"葬言论"，将墓地选择在从不生长庄稼的首阳山东麓的山谷之中，他认为墓葬不需要设坟丘，更无须建造寝殿、园林和神道；反对厚葬，寿衣裹体就行，陪葬全用廉价的陶器，而不用金银珠玉。唯有这样，才能防止墓穴被盗掘。曹丕还说，如果按照我上述的遗嘱谨慎处理，即使改朝换代甚至千年万年以后，也没人会知道我的陵墓所在，这样我才能真正地回归自然。曹丕的子孙很听话，所以至今仍没有发现关于曹丕墓的报道，这座墓地变得非常神秘。

潜伏五十年的"老狐狸"

人们常说"乱世出英雄"，司马懿①就是这样一位在夹缝中求生存的英雄。他是三国时期辅佐曹魏四代君主的重臣，早年被曹操视为不安于人臣的隐患，晚年又被曹叡②临终托孤，委以重任。他用五十年的时间来证明自己是个忠臣，最后却重演了曹家篡汉的一幕好戏。

除孟达抢头功

对司马懿来说，刚开始的时候运气不怎么好，因为他恰好遇上了一代枭雄曹操，只能老老实实地在曹操手下做事。可是时机一到，司马懿的各种"雄心大志"都在血腥屠杀中得以实现。

①懿：yì。
②叡：ruì。

蜀国叛将孟达想返回蜀国，但不被诸葛亮信任。诸葛亮不希望孟达回来，于是故意放出消息说蜀国打算借刀杀人，除掉孟达。这个消息被司马懿得知了，他要借此来增强自己在军界的威望。

孟达有二心的事，司马懿没有告诉曹爽；他为了节省时间，也没有上奏曹叡，而是擅自发兵，长途奔袭。为了防止孟达反得太快，被曹真占了先手，他还特意写了封信安抚孟达："孟达啊，魏国需要你，蜀国痛恨你，最近有消息说你要回蜀国，我不信！这么大的事如果是真的，消息怎么可能泄露得这么快？这一定是诸葛亮的奸计，我是不会上当的。"

孟达也是一个身经百战、有勇有谋的大将，要知道，当年在刘备的仁义感召下，蜀国军民的向心力可是很强的。孟达能让手下这支军队只效忠于他，他说去魏国就跟着他去魏国，他说回蜀国就跟着他回蜀国，可不是一般人能做到的。可他万万没有想到，他被司马懿算计了，也被诸葛亮算计了，最终的败亡自然是毫无悬念。

五丈原斗智

公元 234 年，诸葛亮屯兵五丈原的同时，还派兵进攻北原。北

原位于渭河北岸，若蜀军攻取北原，将切断长安与陇西的通道，直接威胁司马懿的后方。曹魏雍州刺史郭淮知道北原的重要性，他对司马懿说："诸葛亮一定会争夺北原，我们应先占据它。"司马懿听从了这个建议，派郭淮驻防北原。司马懿卡住诸葛亮的进军路线后，坚决据险不战，迫使诸葛亮不得不在五丈原与魏军对峙。这显然是蜀军最不愿意看到的结果。

同年七月，东吴在东线作战失利，魏军进一步获得战略主动。此时，魏、蜀两军在五丈原已经相持了一百多天。无论蜀军怎么骂阵，司马懿就是坚决不出战，诸葛亮忧心忡忡，因为他深知再对峙消耗下去，自己一点胜算都没有。

所以诸葛亮想尽办法刺激司马懿出战，甚至派人送给司马懿一套女人的衣服，借以讽刺司马懿如女人般胆小怕事、缩手缩脚。司马懿却一点也不生气，还笑嘻嘻地自嘲："诸葛先生这是笑话我是女人吗？"但是曹魏大营里的将士们却愤怒极了，纷纷请战。

司马懿明知时机不到，因为每次他都会旁敲侧击询问蜀国使者关于诸葛亮的饮食起居情况，他猜想诸葛亮的身体每况愈下，快要坚持不住了。

但是为平息众怒，他假意上表请战。心知肚明的魏明帝派遣大

臣辛毗执持符节①支持司马懿坚守不战的策略。诸葛亮得知此事后也无可奈何。诸葛亮殚精竭虑，到了八月，终于积劳成疾，一病不起，随后死于军中，结束了与司马懿的巅峰对决。

装病诈曹爽

魏明帝当权时，司马懿已经六十多岁了。曹叡临死的时候，把政权托付给司马懿和曹爽，因为曹叡的儿子曹芳当时很小，不得不倚重权臣。司马懿认为时机到了，只需除掉曹爽，就可以成就多年来的野心。

司马懿六十八岁时，借口夫人张春华去世自己过于哀痛，不能上朝，坚决要求辞官回家。这次装病是司马懿最老谋深算的一步，因为两年后他所发动的政变能否成功有太多无法算计的偶然因素。这次装病首先是为了自保，交出权力换平安，让曹爽放松警惕；其次是投机，如果有机会就将曹魏政权取而代之，没机会就以太傅头衔退休。

两年后，司马懿装出一副老年痴呆的样子，让死对头曹爽掉以轻心。然后抓住曹爽和四个担任御林军将领的弟弟出城祭拜魏明帝

①符节：中国古代朝廷传达命令、征调兵将以及用于各项事务的一种凭证。用金、铜、玉、角、竹、木、铅等不同原料制成。用时双方各执一半，合之以验真假，如兵符、虎符等。

的绝好机会，司马懿以司马师豢养的三千死士为武力基础，加上一群老臣的影响力接管了御林军，发动政变，得到太后诏书，罢黜^①了曹爽。

此时皇帝还在曹爽的掌控之中，曹爽一旦带着皇帝回许昌，也许就能号召天下兵马发动反击，司马氏整个家族就会命若危卵；但曹爽及手下将士的家属都在洛阳城中，曹爽随时都有可能被手下刺杀。带着皇帝去许昌，谈何容易！

司马懿和曹爽都很清楚对方的实力，也互相害怕。趁曹爽犹豫不决之际，司马懿反复赌咒发誓，表示只免去曹爽官职，以人格担保他的生命财产安全。曹爽经过一夜的思考，交出皇帝投降，准备以富豪的身份安度余生。但他没想到，司马懿根本就没有打算放过他，何谈担保？曹爽对司马懿不客气这么多年，司马懿对他自然也不客气，毫不犹豫地将曹爽一党全部诛杀，包括其父族、母族、妻族。

---

①罢黜：废弃不用。

强臣弱帝的权力结构——先帝托孤

托孤是指把身后的孤儿相托给臣子，令臣子辅助幼主皇帝。在中国历史上，托孤是个普遍现象，例如刘备白帝城托孤诸葛亮、曹叡托孤司马懿等。老皇帝临终前总是想给儿子铺平政治道路，往往会遴选出亲信重臣或者宗室外戚，希望他们能辅佐幼帝登基，保证政权稳定交接。

才高八斗的翩翩公子"陈思王"

　　曹植字子建，是魏文帝曹丕的同胞兄弟，三国时期著名的文学家，"才高八斗"就是用来形容他的。曹植在政治上非常失意，受到曹丕及其继任者的一再排挤，郁郁寡欢，最终病死于封地陈郡，历史上称之为"陈思王"。

鹿死谁手

　　有一年秋天，曹操率曹植和帐下五位大将到猎场狩猎。曹操兴致勃勃地打量着一片美丽的秋景。随行的士兵们手持长矛，聒噪叫嚷着，把一只色彩斑斓的鹿从树林里驱赶出来。这头梅花鹿似乎预见了自己死亡的降临，它疯了一样在空荡荡的猎场上奔跑，周围的将士们看见了，立刻张弩搭箭，拍马去追逐鹿。只听见"嗖嗖嗖"一片箭雨过处，鹿凄惨地叫了几声便倒在血泊之中。曹操驱马奔到

鹿前，看见只有一支箭直穿鹿喉，剩下四支箭全部射空了。曹操决定重赏射中的将军，并封其为"神射手"。

曹操仔细看了看箭杆上刻的姓名，想道："眼下正是国家用人之际，要想成就一番大业，除了需要冲锋陷阵、骁勇善战的强将良兵，还需要有运筹帷幄、决胜千里的谋士贤臣。何不趁这个机会考考这些人的智谋？"便故意问道："刚才五支箭一起射鹿，却只有一支箭射中了鹿的喉咙，你们知道是谁吗？"

赵将军说："是孙将军射中的。" 钱将军说："不是孙将军射中的。" 孙将军说："射中的人是我！" 郑将军说："孙将军和我都没有射中。" 王将军说："是孙将军和郑将军中的一个射中的。"

曹操听后大笑着说："你们当中猜对的有三个人，其中就有王将军。诸位将军，现在你们心中有数了吗？" 众将军抓耳挠腮，都像喝了迷魂汤似的。

曹植非常有把握地说："这个神射手，非孙将军莫属！"众人都一惊，只有曹操大笑道："植儿说得对！寡人特封孙将军为神射手，赏金一千两！"孙将军连忙叩谢，但其他人还是疑惑不解。曹植便说道："诸位将军请注意，父王说王将军的说法是对的，而王将军说的是孙将军或郑将军。那么，如果是郑将军射中的，五人的说法中只有王将军说对了，这不符合我父所说的条件，那肯定就不是郑将军射中的。既然郑将军、孙将军二人中有一人射中，郑将军已排除，当然非孙将军莫属了。"

众将军听完曹植的分析，都佩服他睿智过人。曹操对曹植的喜爱又加深了几分，欲立曹植为继承人的想法更加强烈了。

嗜酒如命

在曹植的人生历程中，二十五岁是个分水岭。二十五岁前，他深受曹操喜爱，也创作了不少好作品，享有极高的声望。但到了公元214年，曹植自由奔放的本性越来越多地占据了他生活的主流。因为生性直率，加上任性而行，又不愿克制自己，曹植饮起酒来经常通宵达旦、不醉不休，完全停不下来，这让曹操开始不满。虽然曹操也喜欢喝酒，但曹植酗酒后惹是生非、任性不听规劝的行为最终还是触怒了曹操。

公元217年的一天，曹植又喝醉了，私自驾着车马到禁区里纵情驰骋，极为失态，将父亲告诫的话语忘得干净。曹操听说这事后大怒，立刻处死了掌管王室车马的公车令。

事后，曹操对曹植是越来越不满，曹植心里也非常郁闷，因此常常借酒消愁。公元219年，曹操让曹植带兵去解救被围困的曹仁，但此时的曹植却酩酊大醉，根本没法出征。曹操对曹植彻

底失望，曹植因此失去了争夺王储的机会。

七步成诗

公元 220 年，曹操病死，曹丕继任父亲的汉丞相之位。不久后，曹丕逼汉献帝"禅让"①，自己登上皇帝的宝座，建立了魏，自称"魏文帝"。

而曹操的嫡三子曹植自父亲死后，一直受到兄长曹丕的排挤，郁郁寡欢。他刻意远离政治争斗，常常和文人墨客在府里饮酒作乐、谈诗论赋。因为曹植文采斐然，口才又好，受到许多知识分子的仰慕。为此，心胸狭窄也有文采的曹丕非常嫉妒弟弟，每次听到别人夸赞曹植时，曹丕的心里都不是滋味。

一天，曹植和几位官员一起喝酒谈天，对公务不闻不问。曹丕知道后怒火冲天，立刻派人把曹植等人押到大殿前，准备以失职罪开刀问斩。幸亏母亲卞夫人赶来，流着泪劝阻，以兄弟手足之情来打动曹丕，并且以死相逼，求曹丕放过弟弟。

曹丕怒火不减："母亲，我何尝不怜惜手足情深？只是他今天的事太不成体统，国法岂能饶他？请母亲回避吧！"卞夫人哽咽着说不出话来，唯有泪流不止。

———————
①禅让：中国古代历史上统治权转移的一种方式，皇帝把帝位让给他人。

　　曹丕对曹植冷冷地说："你不是一向夸耀自己很有诗才吗？现在我限你七步内写一首诗，要写出兄弟之间的关系，但不能出现'兄弟'的字样。写出来就免去一死，不然就别怪我翻脸无情！"

　　在场所有人都不说话了，大家都觉得曹植难免一死。

　　跪在地上的曹植突然昂起了头，他慢慢地站起来，略不思索就缓缓吟道：

　　"煮豆持作羹，漉菽以为汁。萁在釜下燃，豆在釜中泣。本是同根生，相煎何太急？"

　　曹丕听后明白了诗中的寓意，顿时一股惭愧之情涌上心头，最终只是给曹植降了职，放走了他。

"才高八斗"的典故

人们都说曹植聪明灵秀、才高八斗，这个典故是怎么来的呢？原来，南北朝时出现了一位著名的大诗人谢灵运，他非常仰慕曹植的才华，曾说过这样一段话："天下才有一石，曹子建独占八斗，我得一斗，天下共分一斗。"后来人们就用才高八斗形容人非常有才华。

两晋：
狼烟滚滚　风云变色

野心勃勃的司马昭

　　司马昭是曹魏名臣司马懿的第二个儿子。青年时期追随其父司马懿西拒蜀汉，东御孙吴，北伐辽东。长期的戎马生涯，造就了他非凡的政治和军事才干。执政后，他政绩卓著，甚得民心。但人们对他的印象似乎只有那句"司马昭之心——路人皆知"的谚语。

司马家族的野心

　　诸葛亮死后，魏国的势力逐渐强大。司马懿长期在关中和蜀汉作战，掌握了魏国大部分兵权。后来辽东造反，魏明帝调派司马懿去平乱。等司马懿平定了叛乱，魏明帝已经病重，临死前嘱咐司马懿和曹爽共同辅助太子曹芳。

　　曹芳继位后，封曹爽为大将军，司马懿为太尉，两人轮流在皇官值班，护卫皇宫安全。曹爽这个人，各方面能力都不如司马懿，所以一开始他很尊重司马懿，事事都听取司马懿的意见。但是他出身皇族，自信心难免膨胀，所以时间一长，他就觉得是司马懿分了他的权力，于是他便想了一个办法，把司马懿从太尉升职为太傅。看着是升了职，实际上却夺了司马懿的兵权。司马懿不露声色，只推说得病，不上朝了。

曹爽不相信司马懿是真的生病，打算派人去打探。正好有个叫李胜的官员要去荆州做刺史，他临走的时候，曹爽让他去向司马懿告别，顺便探探情况。

得知曹爽派了人来看自己，司马懿连忙躺在床上装病。李胜到了司马懿家，见司马懿喝粥都要人喂，还洒得到处都是，看上去十分可怜。李胜便对司马懿说："蒙皇上恩典，派我担任荆州刺史，特来向太傅告辞。"

司马懿气喘吁吁地道："并州在北方，且靠近胡人，可不算一个好地方，真是委屈你了。我病成这样，只怕以后都见不到你啦！"

李胜纠正了好几遍，司马懿才搞明白他要去的是"荆州"，而不是"并州"。随后，李胜便回去向曹爽汇报说司马懿年老病重，耳朵也聋了，就剩一口气。曹爽听了十分高兴，再也不把司马懿放在眼里。

公元 249 年，曹爽陪同魏少帝出城祭祖，司马懿趁机率军占领

了城门，并假传皇太后的旨意，撤了曹爽的大将军职务。曹爽心慌不已，连忙向司马懿投降。过了几天，司马懿就以谋反的罪名把曹爽和他的亲信全都处死了。

从此，魏国的政权实权实际上就转移到了司马氏手中。

司马昭之心

过了两年，司马懿死了，他的儿子司马师掌权。魏少帝恨司马师专横，就打算想办法把司马师杀了。可谁知司马师先下手为强，逼着皇太后把他废黜了，另立曹髦①为帝。

司马师废帝的举动惹怒了扬州刺史文钦和镇东将军毌②丘俭，他们起兵声讨司马师。司马师亲自领兵打败他们，不久后却病死了。之后就由他的弟弟司马昭做了大将军。

司马昭更加专横，魏帝曹髦无法忍耐，气愤地对大臣说道："司马昭的野心，连路人都知道了！我不能坐等他来杀我，今天我就要和你们一起去讨伐他。"

大臣都害怕司马昭的势力，纷纷劝曹髦忍耐，不要和司马昭作对。曹髦不听，说道："死也要和他拼了，再说，还不一定就会死呢！"

---

①髦：máo。

②毌：wú。

这些大臣心里实在害怕，就偷偷去跟司马昭通风报信。曹髦哪里知道消息已经走漏，他带着宫里的禁卫军和太监，从宫里杀了出来。司马昭的心腹贾充闻讯后，就带着一队士兵赶来，挡住他们的去路。

双方激烈地交战，曹髦挥着剑向贾充杀过去，贾充手下有个名叫成济的，举起长矛就向曹髦身上刺去。曹髦招架不得，被长矛刺穿胸膛，跌下马死了。

司马昭听说曹髦被自己的人杀了，也有点慌。不过他舍不得杀死贾充，就把罪名都推到成济身上，判了成济一个大逆不道的罪名，满门抄斩。之后他立曹操的孙子、十五岁的曹奂当皇帝，也就是魏元帝。

此时的司马昭名为臣，实际上已经掌握了朝政大权；而曹奂名为君，不过是司马家族的傀儡罢了。利用傀儡皇帝控制政权，对于司马昭来说始终有点不如意，所以他决定将皇权真正掌握在自己手上。

司马昭的遗憾

在古代，"君君臣臣"的思想是很根深蒂固的，所以司马昭要从一个大臣变成皇帝，除了手中的权势外，还要顾及别人的说法以及后世的评说。他强忍着按捺下野心，决定先灭了蜀国和吴国，这样既证明了自己的实力，又能避免自己夺取帝位后这两个国家趁机来捣乱。

蜀国因为长年征战，导致国库空虚、人才零落，被司马昭派三路大军灭掉，后主刘禅也被带到魏国软禁。

之后，司马昭迫使魏元帝曹奂封自己为晋王，又假装推辞不受，几番折腾后，总算"不情愿"地接受了魏元帝的封赏。封王是夺位之前的最后一步，可惜司马昭常年沙场征战，身上落下了病根，已是年老体衰，在晋王的位置上坐了一年半就病死了。

公元 265 年，司马昭的儿子司马炎承袭晋王之位，几个月后就逼迫魏元帝让位给自己，改国号为晋。即位之后，他追尊司马懿为宣帝、司马师为景帝、司马昭为文帝。

古人的一道"紧箍咒"——身后谥号

谥号是对死去的帝王、大臣、贵族按其生平事进行评定后，给予或褒或贬或同情的称号，此法始于西周。谥法制度有两个要点：一是谥号要符合死者的为人；二是谥号在死后由别人评定并授予。君主的谥号由礼官确定，由即位皇帝宣布；大臣的谥号是朝廷赐予的。谥号带有评判性，相当于盖棺定论。

有了身后谥号这一说，皇帝、大臣就不敢胡作非为了，否则会背上千古骂名。但不少皇帝的谥号却名不副实，比如晋朝皇帝司马德宗，可能是个植物人。史书上说他从小到大不会讲话，分不清寒暑冷热，没有独立行动能力。这样一个皇帝，死后的谥号竟然是"安"。为什么会是"安"？《谥法》说："好和不争曰安。"司马德宗没思维、没反应，肯定是"好和不争"。真是难为他的臣子绞尽脑汁想出了这么一个周全的谥号。

慷慨含笑赴九泉的嵇 ① 康

　　嵇康是三国魏晋时期著名的知识分子团体"竹林七贤"的精神领袖，他不为名利所诱的铮铮铁骨成了中国文人精神的象征，也成了后辈人效仿的榜样。他性格外露，愤世嫉俗，宁为玉碎，不为瓦全，最终死在了司马氏政权的屠刀下。他面对生死大限，神态自若，视死如归，千百年来一直为人称颂。

被小人陷害

　　嵇康和曹魏家族的渊源很深，早年曾担任过曹魏政权的中散大夫 ②，并且娶了曹操的孙女为妻。后来，随着司马氏篡权自立，不

---

①嵇：jī。
②中散大夫：官名，简称"中散"。王莽时置，或为东汉光武置。掌论议政事，员额三十人。历代沿置。

少朝廷官员选择退隐，嵇康也辞了官，到山阳隐居起来。他每天打铁，却不是为了生计。有人找他打铁，嵇康分文不取；假如客人带着酒菜表示感谢，嵇康很乐意和客人一起一醉方休。

当时有个书法家叫钟繇①，他的儿子钟会文采出众，受到司马昭的赏识。钟会很仰慕嵇康，想结交他，于是有一天，便骑着高头大马领着很多仆人去找嵇康。

嵇康正在院子里的大树下挥汗如雨地挥舞着锤子打铁，丝毫没有理会。钟会有几分清高，就站在院子里看着嵇康打铁，一句话也不说，也没有问好。

一个时辰过去了，钟会看嵇康还没有理会他的意思，实在是忍不住了，就转身想悄悄离开。这时嵇康突然开口问："何所闻而来，何所见而去？"钟会反应很快，马上答道："闻所闻而来，见所见而去。"说完就头也不回地骑马走了。

钟会被嵇康傲慢的态度激怒了，恨之入骨。后来嵇康被投入大狱后，钟会给司马昭上书说："嵇康从来不把司马氏放在眼里，平时自恃有几分文采，高傲得很。如果放他出来，将会祸国殃民，还不如杀掉，警告一下那些不肯为我所用的人。"

听了钟会的建议，司马昭决定处死嵇康。

_____

①繇：yáo。

归隐山林

　　嵇康生活在魏晋交替之际，恰好是典型的乱世。从公元 240 年开始，到公元 265 年司马炎废掉曹奂建立晋朝，这二十多年间，司马氏与曹氏围绕着政权展开了激烈的斗争，最后司马氏得胜，曹氏几乎遭到灭顶之灾。

　　嵇康由于名望很高，又顶着曹操孙女婿的头衔，早就是司马氏的眼中钉、肉中刺。起初，司马昭还想招揽嵇康为自己所用，便用高官厚禄拉拢嵇康，却被嵇康严词拒绝。他说："我喜欢睡懒觉，独自弹琴漫步，或者捕鸟钓鱼，做官以后行动就不自由了。做官需要懂得人情世故，到处应酬，而我不喜欢这些俗套，难免招人怨恨，遭到中伤。另外，我生性怪僻孤傲，没法与人交往，所以不适宜当官。"

　　言尽于此，司马昭也无可奈何。

　　随着司马氏的政治势力越来越大，嵇康彻底辞去了无权无势的官职，归隐山林，与志趣相投的几个朋友一起过上了放荡不羁的生活。

嵇康死，广陵散绝

　　司马氏篡夺曹魏政权后，嵇康一直采取不合作的态度，公然反

对司马氏。后来出于为朋友说了几句公道话，被朝廷抓住把柄，进了监狱。由于嵇康的名声如日中天，京师的三千太学生①联名上书朝廷，请求放了嵇康，并且想让嵇康来当他们的老师。此外，还有许多大家族子弟请求陪嵇康一起坐牢，抢着去和他做伴，还放出话来，如果不放嵇康，他们宁可不出监狱的门。但这些激烈的行为，都救不了嵇康的命。

公元262年夏，嵇康被朝廷判处死刑，执行地点在洛阳东市。

嵇康神态自若地坐在地上，平静地环视着身边林立的持刀刽子手，以及不远处坐在凉棚下的监斩官。刑场周围，三千太学生和数不清的百姓围在刑场边，鸦雀无声，人们都为嵇康担忧心痛。

嵇康抬起头看了看天色，行刑的时间还早，便说："与其陪我受煎熬，不如听我最后再弹奏一曲吧！"

监斩官答应了，派人送来一张古雅的七弦琴。这是嵇康生命中最重要、最喜欢的一把琴；也是他卖了田地换来的珍宝；更是倾听他这么多年来心声的知音。

嵇康久久地盯着自己的琴，想到要和心爱的琴永别，便将琴轻轻地放在膝头，开始演奏起最喜欢的《广陵散》。嵇康双手轮番在琴弦弹奏，清越的琴音不断响起，时而迅猛像黄河波涛汹涌向前；时而又如低声倾诉人生无奈。在场的士兵、太学生和百姓，

①太学生：指在国家最高学府国子监读书的生员。

都被嵇康悠扬的琴音吸引住了，太学生们更是一边听一边流眼泪。弹奏完后，余韵久久不散。嵇康平静地抬起头，哀叹着说："唉，只可惜，我死后《广陵散》就要绝迹人间了！"

说罢，嵇康从容地闭上了眼睛，结束了自己高贵而伟大的生命。

古代音阶：宫商角徵羽

中国古代的汉族音律只有五声音阶，从宫音开始到羽音，依次为：宫—商—角—徵—羽。以宫为音阶起点的是宫调式，意思是以宫作为乐曲旋律中最重要的居于核心地位的主音；以商为音阶起点的是商调式，意思是以商作为乐曲旋律中重要的居于核心地位的主音；其余依此类推。五声音阶就可以有五种主音不同的调式，不同的调式有不同的色彩，产生不同的音乐效果。《史记·刺客列传》中记载："高渐离击筑，荆轲和而歌，为变徵之声，士皆垂泪涕泣。又前而为歌曰：'风萧萧兮易水寒，壮士一去兮不复还。'复为羽声慷慨，士皆瞋目，发尽上指冠。"这里说的就是徵调式和羽调式。

借酒醉苟活的文人阮籍

阮籍是"竹林七贤"的重要代表人物，他生得仪表堂堂，性格旷达不羁。兴致上来时，连续数日闭门读书；高兴时寄情山水，流连忘返而多日不归。为了在乱世保全自己，他常常喝醉，是一个有生存大智慧的人。

一箭之地

阮籍从小就聪明过人，练得一手好剑法；青年时代，阮籍长得貌丰体伟，不仅文思敏捷，还曾以其高超的武艺出入敌阵，立志建立一番功业。然而，命运的变数在曹氏政权向司马氏家族转换的过程中展开了。在曹氏和司马氏之间旷日持久的王权争夺过程中，暴露出来的人性诡诈和残忍让阮籍惊心动魄，但他却不愿向司马氏低头。他言谈谨慎，不随便褒贬评价别人；实在逃不过去时，他选择离开。

　　阮籍请辞还乡，司马氏假借皇帝名义只允许他离开一箭之地。阮籍利用皇帝的金口玉言耍了一个心眼，他接受了条件，但是暗中派人远远地等着那支射出去的箭。未等箭落地便抢在手中，骑马朝着阮籍家乡的方向狂奔而去，一直跑到家乡一个叫作"竹林"的地方才把箭插下。皇帝金口玉言，说的话不是随便就能更改的，阮籍就这样回到了故乡。

借酒醉拒婚

　　因为阮籍的名望很高，在朝廷中影响力很大，狼子野心的司马昭就想和阮籍结成儿女亲家，拉拢他加入自己的政治派系。司马昭派人去向阮籍求亲，想让阮籍把女儿嫁给自己的儿子司马炎。

　　阮籍一直对司马氏的野心极为不满，不愿与其同流合污，更别说把自己的女儿嫁过去了。但眼下司马氏实力强大，权倾朝野，如果当面拒绝亲事必将招来灭门之灾。怎样才能巧妙地化解这场灾难呢？

　　阮籍一边喝酒一边冥思苦想，几杯酒下肚，突然灵机一动，手指着酒杯哈哈大笑说："有了有了，就用你来拒婚！"

　　原来，阮籍嗜酒如命，这个毛病几乎人人都知道，阮籍就是要用酒来应对司马昭。

　　阮籍打定了主意，第二天早晨就开始饮酒，喝下多少酒数都数不清，而后躺在榻上一醉不起。司马昭派来提亲的人看见阮籍酒醉如泥、不省人事，只能离开。改天再来，阮籍依旧醉着。阮籍这一醉就是两个多月，媒人每天看到的都是烂醉如泥、昏昏入睡的阮籍，根本没有办法开口提亲。

　　就这样，司马昭碰了个软钉子，他拿阮籍一点办法也没有，想要和阮籍联姻的事情也就不了了之。

蔑视礼教

　　阮籍还是个眼里没有封建礼法的人，他任性不羁、率性而为，在别人看来，他的有些行为是出格的，甚至是狂妄的。

　　有一次，司马昭宴请群臣，满朝文武百官迫于他的淫威，都在酒席上毕恭毕敬，没有一个人敢喧哗，也没人敢看司马昭一眼。但阮籍却不把司马昭放在眼里，他旁若无人地独自放声高歌，酣畅淋漓地大吃大喝，玩得不亦乐乎。

　　中国古代讲究男女大防①，可阮籍却视若儿戏。阮籍的邻居开了

──────────
①男女大防：指男女之间最大的界限。

一家酒坊，他的妻子是个漂亮的女人。阮籍和朋友王戎经常去邻居家喝酒，不仅自己畅饮，有时候还邀请女主人一起喝酒。如果酒醉了，就直接躺在女主人的旁边睡觉，根本不避嫌。在那个时代，这种行为是大逆不道、会遭人非议的，但阮籍却任性为之。

古代的规矩，小叔子和嫂子之间不能随便见面说话，要避开。但阮籍和哥哥嫂子的关系却很亲密，每次嫂子回娘家，他还专门到街上去跟嫂子道别，丝毫不在乎邻居的讥讽和白眼。

阮籍就是这样一位我行我素的人。

是孝还是不孝

古代，特别是晋代，非常讲求孝道。曹操杀孔融，罗织的罪名就是孔融不孝。可是阮籍却不在乎这一套说辞。

阮籍的母亲去世时，他正在小酒馆里喝酒吃肉，阮籍听完家人报丧，却喝得尽兴之后才返回家里向母亲的遗体道别。

众人都诋毁阮籍不孝，但其实，阮籍三岁时父亲去世，全靠寡母将其养大，他与母亲相依为命，对母亲的感情非常深厚。他反对的不是孝顺，而是司马氏假仁假义假孝道的虚伪，这也是一种对当局的反抗。

阮籍母亲出殡下葬的那天，阮籍吃完小肥猪肉，还喝了两斗酒。

宾客们来吊唁，阮籍披头散发，喝得大醉，并没有表现出特别悲伤的神情，因此挨了不少骂。但与母亲诀别之际，阮籍突然大喊了一声："完了！"突然，一口鲜血从喉咙里喷出，紧接着吐血数升。思念母亲的阮籍因为悲痛过度，骨瘦如柴，差点死掉。

魏晋时代的文人社团：竹林七贤

公元 240—249 年，司马氏和曹氏争夺政权的斗争异常残酷，导致民不聊生。文士们不但无法施展才华，而且时时有性命之忧，因此他们喜欢从虚无缥缈的神仙境界中去寻找精神寄托，来排遣苦闷的心情。"竹林七贤"成了这个时期文人的代表，包括嵇康、阮籍、山涛、向秀、刘伶、王戎及阮咸七位文学家，他们常聚在当时的山阳县竹林之下，饮酒作诗，肆意欢乐，因此得名"竹林七贤"。

灭吴第一功臣羊祜①

西晋的羊祜是一位文武全才的大将，他因辅助晋武帝司马炎建功立业而得首功，是西晋的开国元勋。但他却从不居功自傲，身在朝廷担任要职却不掌管国家机要。他品德高尚，为人忠贞而坦诚，正直而无私，因此青史留名。

颜回再生

羊祜出身名门，但十二岁时父亲就去世了，羊祜为父亲守孝远超一般的礼制要求，后来他侍奉叔父羊耽也很恭谨。

羊祜小的时候曾在汶水河畔游玩，遇到一位老人对他说："你这孩子相貌不凡，不到六十岁，必然为天下建立大功。"说完即离去，不知去向。

---

①祜：hù。

羊祜长大以后身长七尺三寸，容貌端庄秀美，学识渊博，善于言谈。同郡将领夏侯威认为他是个奇才异人，便将哥哥夏侯霸的女儿嫁给了他。羊祜曾被推荐为上计吏；州官四次征召他做从事①、秀才；朝中五府都征召他做官，但他都拒绝就职。太原的郭奕曾评价他说："这真是当代的颜回啊！"

他和王沈都曾被曹爽征召过，王沈劝他应召，他说："豁出身家性命去侍奉别人，不是容易的事啊！"后来曹爽被杀，王沈因某些原因得免于祸，因而对羊祜说："我常常记着你以前说的话！"羊祜说："我当时也没有想到曹爽有这种下场。"羊祜就是这样有先见之明而又不夸耀自己的人，因为这种品质，羊祜成为受许多人爱戴的一代名臣。

诚信交兵

公元 269 年，司马炎任命羊祜为荆州都督，作为防御和进攻东吴的最前沿阵地，羊祜在这里驻守了将近十年。

也是在这里，羊祜遇到了一位他很欣赏的英雄，就是东吴的将军陆抗。很巧的是，就在羊祜到荆州不久，陆抗也被任命为东吴在

①从事：作为官名源于汉武帝时期，有刺史属吏之称，分为别驾从事史、治中从事史等，主要职责是主管文书、察举非法，后从事改为参军。

荆州的最高军事首领，两位英雄很快碰了面。

两人的第一次交锋，羊祜惨败，司马炎大怒，将其贬职。

羊祜认为东吴虽然现在是只病老虎，但有陆抗这样的爪牙在，伐吴就需要从长计议。于是他打定主意以诚信对待东吴，双方约定：两边的军队和每次交锋动兵一定要预先约定了日期才开战，不用暗地里袭取的计划。凡是军队里将帅进献奇袭计策，羊祜每每都赞道："真是绝顶妙计啊！赏酒！"然后给献计的将帅喝很醇厚的酒，让他烂醉如泥，有话说不出。

陆抗有时候赠送羊祜酒，羊祜丝毫没有疑虑地喝了；陆抗生了病，羊祜送的药陆抗也毫不怀疑地吃下。东吴将士都劝陆抗不要服羊祜送来的药，陆抗却说："羊祜怎么会毒死人呢？"

羊祜要求，军队如果途经东吴境内收割了东吴老百姓的庄稼，事后一定要按照市价归还钱财；看到东吴边境跑过来的被猎户追赶的野兽，也立刻归还。羊祜的诚信做法让东吴的老百姓深受感动，纷纷尊称其为"羊公"。

陆抗明知道羊祜在收买人心，但也被他的一片赤诚感动，更加钦佩羊祜了。

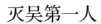

灭吴第一人

羊祜一直有灭掉吴国的心愿，在荆州做官时，就开始部署和训练军队，为有朝一日灭吴做准备。

公元 276 年十月，晋武帝封羊祜为征南大将军，此时羊祜的灭吴计划已经筹备了七年。晋军兵强马壮，吴国大将陆抗已经病死，吴国君主孙皓民心尽失，千载难逢的机会终于来了。于是羊祜上表晋武帝，请求立刻对吴国发起进攻。

晋武帝非常支持羊祜的建议，但很多大臣都表示反对。他们觉得当务之急应该先平定西北地区的鲜卑人叛乱，进攻吴国势必会分心。听到这种说法，晋武帝又忍不住犹豫起来。

羊祜坚决地再一次上表说明利害关系：平定鲜卑族叛乱和攻打吴国并不矛盾，如果一举击败吴国，鲜卑人势必不敢轻举妄动，边关反倒会平静下来。

无论羊祜怎样言之凿凿，晋武帝就是犹豫不决，朝中的大臣也难以被说服，羊祜悲伤地说："上天送给我们这么好的灭吴机会，我们却白白放过，我们的子孙后代是会谴责我们的！"

公元 278 年，怀着对伐吴的耿耿心愿，病入膏肓的羊祜再一次上表晋武帝，请求伐吴。这次终于打动了晋武帝，但羊祜却身染重病。羊祜知道自己已经不行了，临终前举荐了大将杜预接替

自己的职务。同年十一月，羊祜去世，他的继任者杜预在后来的
灭吴计划中大显身手，也算替羊祜完成了心愿。

羊祜与堕泪碑

羊祜去世时,晋武帝身着素服放声大哭,因为天气寒冷,晋武帝的鼻涕眼泪都冻在了胡子上。荆州的百姓们听说羊祜的死讯后,纷纷前来吊唁送葬,连东吴的将士们也为这位仁义的晋国大将悲伤不已。羊祜去世两年后,晋军终于打败了东吴,晋武帝想起羊祜忍不住流下眼泪,说:"这都是羊祜的功劳啊!"为了纪念羊祜,老百姓们在羊祜生前最喜欢的岘山上立碑,年年祭祀。因为一看见羊祜的碑人们就忍不住落泪,这块碑也得了"堕泪碑"的名号。

痴迷书法入骨的王羲之

　　王羲之是东晋时期著名的书法家，被人称作"书圣"；他写的《兰亭序》被称为"天下第一行书"。他出身名门望族，却生性坦率旷达，不拘小节，不爱慕功名利禄，是一位响当当的大丈夫。

坦腹东床

　　王羲之生性潇洒，做事随性，不拘小节。这种豁达的个性深受士族子弟的追捧，王羲之十六岁时，就被朝中重臣郗鉴选为女婿。

　　当时郗鉴的爱女正值芳华，尚未婚配。郗鉴与丞相王导交情深厚，听说琅琊王家子弟众多，个个都才华出众，就有意从中选择。有一天早朝后，郗鉴就把自己择婿的想法告诉了王丞相。王丞相说："我家里子侄很多，您就到舍下挑选吧，凡您相中的王家子侄，不管哪一个，我都会同意的。"

　　于是郗鉴就命自己的管家带上厚礼，到王丞相家相亲。王府的子侄们听说郗府派人觅婿，都仔细装束一番，与郗府管家见面谈天。郗府管家打量了半天，发现比花名册上少了一人。王府管家便领着郗府管家来到东跨院的书房里寻找。只见书房靠东边墙的床榻上有一个青年人坦腹仰卧、神态自若地在吃东西，好像丝毫没有把选婿的事情放在心上。

　　郗府管家大为惊奇，回去以后如实地报告了郗鉴，说："王丞相府上大概有二十几位年轻公子。他们听说郗府选婿，都争先恐后打扮得仪容得体，神态矜持高贵，只有东床上的那位公子，坦腹躺着，若无其事。"

　　郗鉴听完拍掌大笑说："这就是我要选的佳婿啊！走，快领我去看看。"郗鉴来到王丞相府和王羲之对谈，发现他豁达文雅、品貌双全，当场就择为女婿。于是后世也就有了"东床快婿"这个说法。

痴迷书法

　　王羲之自幼痴迷书法，极好的天赋加上几十年来锲而不舍的刻苦练习，最终成就了王羲之的书法艺术。

为了练好书法，王羲之每到一个地方，总是四下寻找历代碑刻，积累了大量的书法资料。他家的书房内、院子里、大门边甚至连厕所的门口，都摆放着凳子。凳子上面随时都有文房四宝，每每想到一个结构好的字，王羲之就马上提笔写下来。他练字的时候，总是专心致志，以至于废寝忘食。也正是这种精神使他的书法艺术达到了超逸绝伦的高峰，被人们誉为"书圣"。

王羲之十三岁那年，偶然在家里发现了父亲收藏的一本书法书，叫《说笔》，便偷偷阅读。父亲担心王羲之年轻，不能保密家传绝学，便要收回去，并且答应待他长大之后再传授。没料到，王羲之竟眼含热泪跪下来请求父亲允许他现在阅读。王羲之学习书法的热情打动了父亲，父亲答应了他的要求。

自此以后，王羲之练习书法更加刻苦，甚至连吃饭、走路都不放过。没有纸笔，他就在身上比画，时间长了，衣服都被手指磨破了。有一天，他练字竟忘了吃饭，家人把饭送到书房，他竟不假思索地用馍馍蘸着墨吃，还觉得很有味。当家人发现时，他已是满嘴墨黑了。王羲之常临池书写，就池洗砚，时间长了，池水尽墨，人称"墨池"。它见证了王羲之的书法修炼之路。

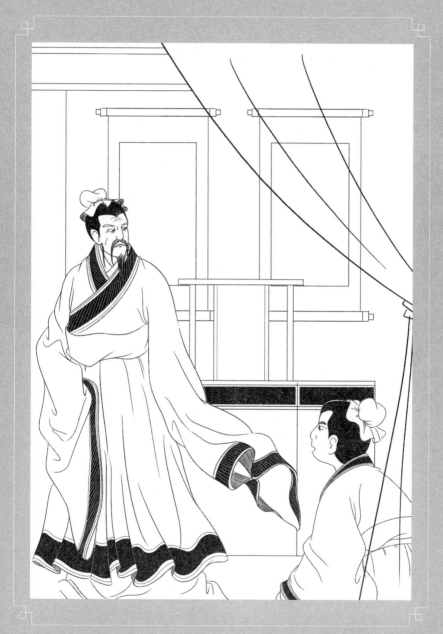

教子有方

　　王羲之的儿子王献之，从七八岁时开始学书法，师承父亲。有一天，王羲之路过书房看到王献之正在聚精会神地练习书法，便悄悄地走到他背后，突然伸手去抽王献之手中的毛笔。王献之牢牢地握着笔，这一下竟然没被抽掉。王羲之夸赞儿子说："你以后一定比我还有名气。"

　　王献之的字越写越好，渐渐有些骄傲了。他十来岁时，觉得自己的字已经写得不错了。他便去问父亲："我的字再练三年就够好了吧？"王羲之笑笑不说话，他的母亲却摇着头严肃地说："差得远呢！"王献之又问："那五年呢？"母亲仍旧摇头。王献之追问："那究竟多少年才能练好字呢？父亲，大家都说您的字写得好，有什么秘诀吗？"王羲之看看儿子，心想，书法没有扎实的基本功，怎么可能入人眼目呢？于是他走到窗前指着院内的一排大缸说："你呀，写完那十八口大缸水，字才有骨架子，才能站稳呢！"王献之听了心里很不服气，暗自下决心要显露点本领给父母看。他天天按照父亲的要求，先从基本的笔画练起，一练就是五年。

　　有一天，他捧着自己的"心血"作品给父亲看。王羲之没有作声，仔细翻阅后，见其中的"大"字架势上紧下松，便提笔在下面加了一点，成了"太"字，然后把字稿全部退还给王献之。王献之心中有点不是滋味，又拿给母亲看。母亲仔仔细细地揣摩了一番，叹了口气说："儿子啊，你练字练了几年了，只有这一个'点'写得像你父亲。"王献之一听就傻了！母亲指的这一点正是父亲在"大"字下面加的那一点！

　　王献之满脸羞愧，自感写字功底差，便一头扑进书房，天天研墨挥毫，刻苦练习。聪明的王献之深深地体会到了写字没有捷径，只有"勤"。不知又经过了多少个日夜，王献之的书法大有长进。后来终于成了举世闻名的书法家，与父齐名，并称"二王"。

入木三分

　　传说，晋帝要到北郊去祭祀，便让王羲之把祝词写在一块木板上，再派工人雕刻。刻字者把木板削了一层又一层，发现王羲之的书法墨迹一直印到木板里面去了，他削进三分深才见底。木工惊叹王羲之的笔力雄劲，书法技艺炉火纯青，笔锋力度竟能入木三分。这个典故让我们看到了王羲之书法基本功之扎实，实在是令人叹服。

闻鸡起舞的少年祖逖 ①

祖逖出身于世家大族，为人豪爽、仗义，经常资助劳苦的贫民，对自己的朋友更是出手慷慨，深受乡党们喜爱。祖逖成年后才开始发奋努力，后被举孝廉、秀才。祖逖一生对民族和北伐事业贡献卓越，不愧为后世称赞的大英雄。

一心收复失地

祖逖和同为晋朝名将的刘琨是好友，二人相互勉励，"闻鸡起舞"这个成语说的便是二人。

祖逖年轻时有个大志向，那就是想要光复中原。他曾与刘琨一起担任司州的主簿，与刘琨在同一个寝室睡觉。某一天晚上，夜半

---

①逖：tì 。

时突然听到鸡叫，刘琨说晚上听到鸡叫不吉利，祖逖却不这样想，他踢醒刘琨说："这并不是不祥之兆。以后咱们听见鸡叫就起床练剑怎么样？"刘琨欣然同意。于是两人就起床舞剑。

渡江以后，晋帝司马睿让祖逖担任军事顾问长官。祖逖住在京口，集合了一批骁勇雄健的士兵，对司马睿说："晋朝的变乱，不是因为君主无道而使臣下怨恨叛乱，而是皇亲宗室之间争夺权力、自相残杀，让戎狄之人钻了空子，祸害遍及中原。现在晋朝的遗民遭到摧残伤害后都想着自强奋发，您如果能够派遣将领率兵出师，派像我这样的人统领军队光复中原，一定会有积极响应的各地英雄豪杰！"司马睿向来没有北伐的志向，听了祖逖的话后，就任命祖逖为奋威将军、豫州刺史，仅仅拨给他千人的口粮、三千匹布，不供给铠甲和兵器，让祖逖自己想办法募集。

祖逖带领自己的私兵共一百多人渡过长江，在江中敲打着船桨发誓说："我祖逖如果不能肃清中原敌人，就像这大江之水，一去不回头！"于是他到淮阴驻扎，建造熔炉冶炼浇铸兵器，又招募了两千多人然后继续前进，一力推动北伐事业。

智退桃豹

公元 319 年五月，祖逖进攻蓬关。石勒派军救援，与晋军战于

浚仪；祖逖战败，退守淮南。赵军在豫州进行了一番洗劫后回师襄国，只留下桃豹戍守蓬陂坞。

同年十月，祖逖派部将攻打桃豹，没有成功。十一月，石勒杀刘曜，自立为赵王。

公元 320 年，桃豹据守浚仪，屯兵西台，从南门出入；祖逖则派部将韩潜据守东台，由东门出入。两军相持四十日，祖逖决定设计智取。当时双方粮草供应都很紧张，祖逖命令军士把沙土装在粮袋里伪装成大米，派一千多名军士像运送军粮一样忙忙碌碌地运上东台。又故意让几个人挑着真正的大米走在后面，佯装很疲惫地在路上休息，等待赵军来抢。桃豹的军队缺粮已久，见晋军运粮，以为有机可乘，便冲过来抢粮，晋兵扔下大米仓皇逃跑。桃豹军士抢得粮米后，以为祖逖士兵都能吃饱，而自己却长久饥饿，导致士气很低落。

桃豹盼着后方的粮食，而祖逖也紧盯着敌方的运粮队伍。石勒部将刘夜堂用一千头驴运送的粮食大军赶来补给时，祖逖已派部将守候在汴水进行截击，缴获全部粮食。桃豹闻讯，不得已连夜退兵东燕城。

忧愤而亡

公元321年，晋元帝任命戴渊为征西将军、都督司兖①豫并雍冀六州诸军事、司州刺史，出镇合肥。祖逖认为戴渊虽有才望，却无远见卓识；而且自己辛苦收复河南，却仍不得朝廷信任，心中甚为不快。不久，祖逖又听闻王敦跋扈，朝廷内部矛盾日益尖锐的消息，祖逖担心内乱爆发、北伐难成，以致忧愤成疾。

祖逖虽患病，但仍图进取，抱病营缮虎牢城。虎牢城北临黄河，西接成皋，地理位置非常重要，他担心城南没有坚固的壁垒，易被敌军攻破，特意派从子祖济率众修筑壁垒。但壁垒尚未修成，祖逖便在雍丘病逝，时年五十六岁。

祖逖死后，豫州百姓如丧父母，谯梁百姓还为他修建祠堂。晋元帝追赠祖逖为车骑将军，并命其弟祖约接掌其部众。后赵②趁机入侵河南，祖约难以抵御，退守寿春。祖逖收复的河南大片土地最终又被后赵攻陷。

---

①兖：yǎn。
②后赵：公元319年，石勒在襄国自立，称赵王，史称后赵。

● 相关链接：

"中流击楫"典故的由来

祖逖北伐时曾渡长江，当船至中流时，他眼望面前滚滚东去的江水，感慨万千。想到山河破碎和百姓涂炭的情景，想到困难的处境和壮志难伸的愤懑，豪气干云，热血涌动，敲着船楫朗声发誓："我祖逖如果不能使中原清明而光复成功，就让我像大江一样有去无回吧！""中流击楫"由此得名，后人便用"中流击楫"比喻立志奋发图强。

掀起少数民族南下浪潮的匈奴人刘渊

西晋晚期发生了著名的"八王之乱"。它的烽火还没有在中华大地平息，横空出世的刘渊又带着匈奴发动了针对西晋王朝的叛乱，把永嘉搅了个天翻地覆，北方再次陷入水深火热之中。而始作俑者刘渊，他的祖先是匈奴单于。

不受重用

从西汉末年起，有一部分匈奴人分散居住在北方边远郡县，他们和汉族人相处久了，接受了汉族的文化。匈奴贵族认为祖先多次跟汉朝和亲，是汉朝皇室的亲戚，后来就改用汉朝皇帝的姓——刘。曹操统一北方后，把匈奴三万个部落分为五个部，每个部都设部帅，匈奴贵族刘豹就是其中一部的部帅。

刘渊是刘豹的儿子，从小聪明伶俐，读了许多汉族人的书。他

身强力壮，武艺高强，能够拉得动三百斤重的大弓。

公元 264—265 年，刘渊作为匈奴五部的质子来到洛阳，见到了当时掌权的司马昭。

司马昭上下打量刘渊，发现他相貌堂堂，身材魁梧，同时又满腹文韬武略，非常欣赏，并希望刘渊能够为自己所用。但是曹魏大臣孔恂等人认为刘渊是匈奴人，并非汉族，恐以后有反心，不堪录用，因此坚决反对。经过这些人的多次劝说，司马昭只能忍痛割舍了刘渊，把刘渊闲置在洛阳。

大起大落

刘渊被困在洛阳无计可施时，匈奴传来消息，刘渊的父亲刘豹去世了。刘渊趁机解除了自己的质子生活，带领军队返回匈奴五部，继承了父亲的职位。

公元 289 年，朝廷下令封匈奴五部将领为五部都尉，后来又成了五部大都督。刘渊很高兴，这算是由朝廷正式确立了他在匈奴五部的地位。受到极大振奋的刘渊开始励精图治，用自己多年所学来治理匈奴五部。

但是好景不长，因为匈奴五部中有人叛逃，引起朝廷震怒，刘渊被罢免了五部大都督的职务，被迫到成都王司马颖手下当了个宁朔将军。

此时的刘渊就好比龙困浅滩，在积蓄一飞冲天的力量。

建立后汉

八王混战开始后，匈奴部落里的一些贵族说："我们匈奴单于后代虽然有封号，但是却没有自己的土地，跟一般百姓没什么两样。现在晋朝发生内乱，自相残杀，正是我们匈奴人恢复地位的好时机啊！"

大家一致认为刘渊有才能、威望高，推举他当单于相当合适。于是，贵族们派人去请回刘渊。刘渊很高兴，就借口要回匈奴安葬自己的父亲，向司马颖请假；司马颖不同意，刘渊只好让使者先回去，并且要五部匈奴集结兵力，向南移动。

后来，司马颖与东海王司马越争夺地盘，并打算挟持晋惠帝逃跑。晋朝的并州刺史司马腾、将军王浚联络鲜卑贵族攻打司马颖，司马颖落败，逃往洛阳。刘渊向司马颖提出要回去带匈奴兵马来助战，司马颖才放他走。

公元304年，刘渊回到左国城，大伙儿拥戴他做大单于。他集中了五万人马，亲自率领南下，帮助晋军攻打鲜卑兵。有人问他，为什么不趁这个机会把晋朝灭掉，反倒去帮助晋军呢？

刘渊说："要灭掉晋朝容易，但是晋朝的百姓未必会向着我们。我看汉朝立国的年代最长，在百姓心中影响也大，我们的祖先又是汉朝皇室的兄弟。现在汉朝亡了，我们用继承汉朝的名义，也许可以得民心。"

大家听了，觉得是个好主意。自此以后，刘渊就宣称自己是汉王。

西北彪悍民族的统称——"胡"

　　"胡"最初指的是匈奴人，后来泛指古代北方游牧、渔猎民族。"胡人"的说法出现很早，战国时，赵武灵王"胡服骑射"的说法就足以证明。胡，并非对少数民族的蔑称。具体说，是对居住在北方和西方的少数民族的一种泛称。

　　西汉时，匈奴单于狐鹿姑曾经给汉室皇帝致书，说"胡者，天之骄子也"。也就是说，"胡"在匈奴人眼里是"天之骄子"的意思，和中原的"天子"意思差不多。胡人最辉煌的时期是两晋南北朝，伴随着晋室的衰落与南迁，原居中国北方的少数民族纷纷南下，与汉族比邻，并先后建立了五凉、四燕、三秦、二赵、大夏等十五个北方政权和一个西南政权成汉。由于这些政权主要是由匈奴、鲜卑、羯、氐、羌五个少数民族所建，所以史称"五胡十六国"。

气定神闲的政治家谢安

　　谢安是东晋时期著名的政治家、文学家。曾从王羲之学行书，他的书法非常出色，尤以行书为妙品。也许是书法艺术给了他从容不迫的气度，谢安在政治上的表现也可以用气定神闲来形容。无论是挫败桓温篡位，还是指挥淝水之战，他都稳如泰山。

隐居山林

　　谢安隐居在会稽郡的东山，与王羲之、许询、支道林等名士、名僧频繁交游，出门便捕鱼打猎，回屋就吟诗作文，就是不愿当官。

　　当时的扬州刺史庾冰仰慕谢安的名声，几次三番地命郡县官吏督促逼迫，谢安不得已，勉强赴召。但仅隔一个多月，他又辞官回了会稽。后来朝廷又征召他为尚书郎、琅琊王友，谢安一概推辞。

吏部尚书范汪举荐谢安为吏部侍郎，也被谢安写信拒绝。有关官员上疏认为，谢安被朝廷征召，历年不应，应该禁锢终身。谢安知道后一笑了之，仍旧沉醉于游览东部的名胜之地中。

谢安曾到临安山，坐在石洞里面对深谷，悠然叹道："此般情致与伯夷有何区别！"又曾与孙绰等人泛舟大海，风起浪涌，众人十分惊恐，谢安却吟啸自若。船夫因为谢安高兴，照旧驾船漫游。众人无不钦佩谢安宽宏镇定的气度，谢安虽然纵情于山水，但每次游赏，总是携带歌女同行。

谢安虽然屡屡不愿出山，但当时执政的会稽王司马昱说："谢安既然能与人同乐，也必定能与人同忧，再征召他，他肯定会应召。"当时谢安的弟弟谢万任西中郎将、豫州刺史，担负守边的重任。谢安虽然隐遁山林，但其名声超过谢万，有任宰辅的声望，这也为他日后出山奠定了强大的基础。

竭力辅政

公元372年，即位不到一年的司马昱因受制于桓温而忧愤非常，以致病重，桓温上疏举荐谢安接受遗诏。同年七月，司马昱驾崩。公元373年，桓温入京朝见孝武帝司马曜，太后褚蒜子命谢安及侍中王坦之到新亭迎接。

建康城里人心浮动，有人说桓温要杀王坦之、谢安，晋室的天下要转落他人之手。王坦之非常害怕，谢安却神色不变，说："晋室的存亡，就取决于此行。"桓温抵达后，百官夹道叩拜。桓温部署重兵守卫，接待百官，当时有官位声望的人都惊慌失色。王坦之汗流浃背，连笏板都拿倒了，只有谢安从容就座。他坐定以后，对桓温说："我听说诸侯有道，守卫在四邻，明公哪里用得着在墙壁后面安置人呀！"桓温笑着说："正是因为不能不这样做。"于是就命令左右的人让他们撤走，与谢安笑谈良久。由于谢安的机智和镇定，桓温始终没敢对二人下手，不久就退回了姑孰。王坦之当初与谢安齐名，这件事后众人才分出二人的优劣。

当时孝武帝年幼力弱，在外又有强臣，谢安与王坦之竭尽忠诚辅佐护卫，最终使晋室得以安稳。同年三月，桓温病重，暗示朝廷对他加九锡①，让袁宏起草奏表。谢安见后，动手修改原稿，十多天仍未改好；等桓温一死，加九锡之事就此搁置。

淝水之战

公元 383 年，前秦苻坚率领着号称百万的大军南下，志在吞灭东

---

①九锡：九种礼器。是天子赐给诸侯、大臣有殊勋者的九种器用之物，是最高礼遇的表示。锡，在古代通"赐"字。九种特赐用物分别是：车马、衣服、乐、朱户、纳陛、虎贲、斧钺、弓矢、鬯。记载见于《礼记》。

晋，统一天下。当时军情危急，建康一片震恐。可是谢安依旧镇定自若，以征讨大都督的身份负责军事，并派谢石、谢玄、谢琰和桓伊等率兵八万前去抵御。谢玄手下的北府兵虽然勇猛，但是前秦的兵力是东晋的十倍多，谢玄心里还是有点紧张。出发之前，谢玄特地到谢安家里告别，请示一下这个仗怎么打。谢安神情泰然，毫无惧色，回答道："朝廷已另有安排。"谢玄不敢再问，便派好友张玄再去请示。谢安驾车去山中别墅与亲朋好友聚会，然后才与张玄坐下来下围棋赌别墅。谢安平常棋艺不及张玄，这一天张玄心慌，反而败给了谢安。谢安回头对外甥羊昙说："别墅给你啦。"说罢便登山游玩，到晚上才返回，把谢石、谢玄等将领都召集起来，面授机宜。

当时桓冲在荆州听说形势危急，打算专门拨出三千精兵到建康来保卫。谢安对派来的将士说："我这儿已经安排好了，你们还是回去加强西面的防守吧！"将士回到荆州后告诉桓冲，桓冲很是担心。桓冲对将士说："谢公的气度确实叫人钦佩，但他不懂得打仗。眼看敌人就要到了，他还那样悠闲自在。兵力那么少，又派一些没经验的年轻人去指挥，我看他们都要失败被俘。"

同年十一月，谢玄遣刘牢之以五千精兵奇袭，取得洛涧大捷。十二月，双方决战淝水。谢玄、谢琰和桓伊率领晋军七万战胜了苻坚和苻融所统率的前秦十五万大军，并阵斩苻融，淝水之战以晋军的全面胜利告终。

晋朝的豪门大族——王谢

诗人刘禹锡的《乌衣巷》诗这样写道："朱雀桥边野草花，乌衣巷口夕阳斜。旧时王谢堂前燕，飞入寻常百姓家。"乌衣巷地处金陵南门朱雀桥附近，为东晋时期王导、谢安等世家巨族聚居之处。王谢两家是名门望族，琅琊王氏与陈郡谢氏之合称，后成为显赫世家大族的代名词。王家的领袖王导、谢家的首脑谢安及其后继者们于江左五朝因文采风流、功业显著而彪炳史册。他们成就了后世家族无法企及的荣耀，为后人所嫉羡，故有"王谢"之合称。

不为五斗米折腰的陶渊明

在历史的星空中，有一处南山与一丛秋菊永远属于陶渊明。他虽然身在红尘中，却能逃脱名利网，远离污浊坑，毅然归隐田园。他以坚守自我的方式，完成了一种诗意的人生，让人感受到了另一种生命的美丽绽放。陶渊明不仅是东晋的骄傲，更是中国历史的骄傲。

不为五斗米折腰

东晋晚期，陶渊明诞生了。他出身名门，曾祖父是鼎鼎大名的东晋大司马。年轻时陶渊明就立志要救世济国，做一番轰轰烈烈的大事业。可是在陶渊明成年之后，整个东晋礼崩乐坏、腐败动乱，陶渊明空有一腔伟大胸怀却无处施展才华。再加上他天生耿直清廉、清高端正，不愿意趋炎附势攀附权贵，更看不惯官场上那一套阿谀

奉承，因而和污浊黑暗的社会格格不入。他一生多次断断续续地做官、辞官，最终选择了出仕。

陶渊明人生中最后一次辞官，是公元405年。那一年，陶渊明已过不惑之年，为了生计，他在朋友的不断劝说下到彭泽县出任县令。有一天，朝廷派人来县里了解民生。有人劝告陶渊明说："上面派人来视察，你应当穿戴整洁，面色恭敬地去迎接。"陶渊明长长叹息道："我不愿为了小小县令的五斗米薪俸，就低眉顺眼地面对这些家伙！"然后他就辞掉了县令之职，至上任不过八十多天。自此之后，陶渊明永远离开官场，回归田园生活。

陶渊明彻底过起了隐居生活，一面读书写文章，一面耕田。虽然后来天灾不断，稻谷颗粒无收，他家的房屋又遭火患被烧毁，生计越来越困难，但是陶渊明始终恪守知识分子的傲骨，不再当官，拒绝朝廷的征召，甚至连江州刺史送给他的米和肉也拒绝了。

从此，世间少了一名小官，却多了一位一身傲骨的大诗人。

陶渊明劝学有法

一天，有个少年慕名前来向陶渊明求教学习的方法，少年问道："我十分敬佩您渊博的学识，您小时候是怎样读书的？有什么妙法可以传授给晚辈吗？"

陶渊明哈哈大笑，说："哪有什么读书的妙法啊！只有笨办法，全靠下苦功夫罢了！勤奋学习就会进步，偷懒疏忽就会退步。"

见少年似懂非懂，陶渊明就拉着他的手来到自己亲手种的稻田旁，指着一棵秧苗说："你蹲在这儿观察一会儿，告诉我稻秧长高了吗？"

少年目不转睛地盯了很久很久，也看不出禾苗往上长的意思，他站起身来对陶渊明说："并没有见长啊！"

陶渊明反问："真的没长吗？如果不长，小小的禾苗是怎么变得这么高大的呢？"

少年听完若有所悟，低头思索着。

陶渊明又说："其实，稻秧每时每刻都在长大、长高，只不过我们的肉眼看不到罢了。读书、学习也和稻秧成长是一样的道理，知识的积累过程是缓慢的，有时候连自己也不易发觉，但只要你肯勤奋学习，积少成多，早晚有一天可以成器。"

陶渊明又用手指着溪边的一块磨刀石说："你看，那块磨刀石的表面像马鞍一样凹进去了！"

"那是被刀磨成的。"少年立刻回答道。

"那你告诉我，它究竟是哪一天被磨成这个形状的？"

少年被问得哑口无言，最后只得摇摇头。

陶渊明接着说："人们每天在上面磨刀和镰头，年深日久石头

才会变成马鞍形状。读书的道理是一样的，如果不能坚持，每天都会有所亏欠！"

少年这才领悟，他向陶渊明鞠躬说："多谢先生指点迷津！请您为我写几句话，我将时时刻刻记在心上。"

陶渊明沉吟了一番写道："勤学如春起之苗，不见其增，日有所长；辍学如磨刀之石，不见其损，日有所亏。"

少年连连点头，拜谢而去。

"五斗米"究竟是多少？

陶渊明说"不为五斗米折腰"，那么五斗米是否就是当时县令的薪资数目？非也！西汉时官吏的俸禄采取年薪制，全发粮食。每年领取的粮食以重量计，有万石、二千石、六百石等种种名目。从东汉开始，俸禄形式统称为"石"，实际上是发一部分粮食、一部分现银。陶渊明时期，县令的年薪是四百斛，若按月发放的话，每月实发米十五斛，再加一定的现银。当时一斛等于十斗，十五斛为一百五十斗，将一百五十斗米除以每月三十天，恰好是每天五斗米。五斗米究竟值多少呢？一斗为十升，一升大约为四斤，那么五斗米就约为二百斤米。不算另外发放的现银，以现在的标准来看，一天收入二百斤米的县官属实打实的高收入群体。

南北朝：
铁甲纷纷　血染王庭

狠角色刘寄奴原来是明主

　　刘裕，也叫刘寄奴，是南北朝时期的政治家、改革家、军事家。在古代历史上，刘裕是一个响当当的狠角色，用一根绳子送东晋安帝司马德宗去了西天；一床棉被捂死了晋朝的继任者恭帝司马德文；十六国时期南燕末帝慕容超和后秦末帝姚泓也死于他之手。但历史上真正的刘裕却是一位明主，他推动了义熙改革；他不忘旧情，生活节俭，堪为古代帝王的表率。

义熙改革

　　东晋时期战乱不断，内忧外患频繁，权贵之间互相倾轧，百姓背井离乡，整个国家一片混乱惨淡。刘裕篡权自立为宋皇帝后，便宣布了铁一般的规章制度，施行土断，禁止兼并。会稽余姚的世家大族虞亮藐视国法，隐藏逃亡人员一千多人，对抗刘裕的改革。刘裕以铁腕手段诛灭了虞亮，罢免了包庇他的会稽内史，法办了大批涉事的士族及官员。一时间士族豪强肃然，谨慎规矩，远近遵法守纪，再也不敢像以前一样胡作非为。在这之前，各州所送的秀才、孝廉大多名不符实。刘裕又严整法纪，对地方选拔上来的人才专门进行考试，如有不实，一律严查，保证官员选拔公正，唯才是举。

公元 414 年，刘裕上表减轻徭役 ①，让民众休养生息。以前，山湖川泽都被豪强士族所夺取，百姓打柴、采摘、打鱼，都要被迫交税，刘裕上表下令一律禁绝，还山于民，还地于民。当时人们的居住很不统一，刘裕上表制定了新条例，都依划分的土地为准，施行土断，只有徐、兖、青三州居住在晋陵的人不在划分范围。各个流民聚集的郡县，有许多进行了合并。

义熙土断，是刘裕最有影响的政绩。它打击了东晋豪强士族的势力，缓和了阶级矛盾，减轻了百姓负担，改善了社会政治状况，重建了朝廷的权威。

富贵不忘旧情

昔日刘裕曾欠下刁逵三万钱，无力偿还，还被刁逵抓进了监牢。

---

①徭役：古时官府向人民摊派的无偿劳动。

王谧则去见刁逵，并替刘裕偿还了欠款，刘裕才得以释放。当时的刘裕既无名声亦贫贱，不被其他名望人士看重，唯有王谧愿与他结交。

王谧后来在桓玄篡位时奉天子玉玺及册文给桓玄，并在桓楚时期任司徒时获封公爵，甚为礼遇。刘裕义军攻下建康后，王谧仍任司徒，领扬州刺史、录尚书事，但王谧既因在桓楚任高职，甚得宠待，故很不安心，最终出奔。然而刘裕没有向王谧问罪，并念及昔日恩情，请武陵王司马遵追回王谧，并让其官复原职。而昔日债主刁逵，在桓楚任豫州刺史，并为桓玄收捕起义失败的诸葛长民。桓玄兵败后刁逵出逃，被部下抓住，斩杀于石头城，刁氏一族也遭诛杀。刁氏一族遗留下来的土地资产，被刘裕散发给贫民。

刘裕对患难发妻的早逝非常痛心，称帝之后，他追封已经辞世十二年的臧爱亲为"敬皇后"，直到他死都没有再设皇后，他把皇后的凤冠永远留给发妻臧爱亲。刘裕逝世时，仍然不忘曾与他共患难的妻子，他留下遗诏，将臧爱亲的棺木从丹徒迎至南京，与他合葬。

崇尚节俭

在生活上，刘裕推崇节俭，不爱珍宝，不喜豪华，宫中嫔妃也少。宁州地方官曾经奉献琥珀枕，是无价之宝，刘裕也不稀罕。在

出征后秦时，有人说琥珀能够治疗伤口，他就命人将它砸碎，分给将领们作为治伤药。平定关中后，他得了美女姚氏，十分宠爱。臣下谢晦劝谏他不要因女色而荒废政务，他当晚就将姚氏送出宫去。后来刘裕进封宋公，东西堂将要放置以金涂钉钉制的局脚床，但刘裕以节俭为由而改用铁钉钉制的直脚床。又一次广州进贡一匹筒细布，刘裕因其过于精巧瑰丽，制作必定扰民，故此下令弹劾①献布之郡的太守，将布匹送还并下令禁止制作这种布。刘裕因患有热病，常常要用冰冷的物件降温，有人就献上石床。刘裕躺上冰冷的石床，感到十分舒服，但又感觉木床已经很耗人力，大石头要磨成床就更难了，于是下令将石床砸毁。刘裕更是下令将自己昔日的农具收起，留给后人。其子宋文帝得知内情后大感惭愧；而其孙宋孝武帝拆毁刘裕生前的卧室，发现床头上有土帐，墙上挂着葛布制的灯笼及麻制蝇拂。袁颛②称赞刘裕有俭素之德，但孝武帝没有说什么，只说："老农夫如果有这些东西，已经过于富裕了。"

刘裕就是这样一位节俭爱民的帝王。

①弹劾：君主时代担任监察职务的官员检举官吏的罪状。
②颛：yǐ。

天子权力的象征——传国玉玺

玉玺，就是皇帝专用的印章。印章在周朝开始出现，用来表示信用。到了秦朝，为了体现帝王与臣民的区别，皇帝的印章被叫作玉玺，用玉制成，普通官员所用的印章只能叫作印。而传国玉玺是皇帝所有玉玺中最重要的一个，是"皇权神授、正统合法"的信物，后来历朝历代的皇帝登基皆以得到传国玉玺为中华正统。得之则象征其"受命于天"，失之则表示其"气数已尽"。改朝换代时，新任皇帝都要找出上代玉玺，暗示前朝气数已尽，新朝兴起。凡登大位而无此玉玺者，就不被视为"真命天子"。觊觎皇位者，必须得到传国玉玺才能实现自己的野心。由于这个缘故，传国玉玺被争来抢去，致使这一宝物屡易其主。

多次出家当和尚的帝王萧衍

　　他是开国帝王，也是亡国之君。他能文能武，曾力抗北魏，三十八岁时凭匹夫之勇获得帝位，在风雨飘摇的南朝一口气做了四十七年的皇帝，是中国历史上在位时间最长的皇帝之一，他就是梁武帝萧衍。他在位期间勤于政务，节俭爱民，使当时的大梁国富民强，但他却多次出家，一心向佛，真不愧为一代奇人！

勤于政事、生活简朴

　　萧衍称帝初期非常勤勉，他从齐国灭亡的教训中学到了很多经验，所以自己对政务非常用心。他不分春夏秋冬，总是五更天就起床处理公文奏章，以至于冬天天冷把手都冻裂了。他为了广泛听取各方意见，广开言路，在宫门前设立两只盒子，一个是谤木函，一个是肺石函。那些有功劳的臣子和有才华的人，如果没有受到赏赐和提拔，可以往肺石函里投书信；如果是百姓想要给朝廷提建议，就往谤木函里投书信。

萧衍素来以节俭著称，史书上说他一个王冠戴三年，一床被子盖两年。他为人朴素，在吃喝用度上保持节俭，衣服从不追求奢华，饭食也以蔬菜和豆类为主，且每天只吃一顿饭。他忙于政务的时候，干脆只喝点粥草草了事。从这个角度来说，在中国历代所有帝王中，萧衍也算得上是朴素皇帝的典范了。

萧衍重视选拔任用官吏，他以身作则，也要求地方官清正廉明，经常亲自召见下属叮嘱他们要保持为国为民之心，保持清廉。为了更好地推行他的清廉治国思想，萧衍在全国颁布了命令：小县令如果政绩突出，可以升迁为大县的长官；大县令如果政绩突出就被提拔做郡太守。大梁的统治状况得到显著改善。

帝王的软肋

和古代其他皇帝一样，萧衍的猜疑心也很重，这是他的软肋，特别是对那些开国元勋，萧衍做得实在过分。在大梁建国的功臣中，范云和沈约因辅佐萧衍登上皇帝宝座而居功至首。但出人意料的是，他们二人并未得到重用。建国之初，范云病逝，萧衍不仅不重用沈

约，还常常责备他。不久之后，沈约也病死了。

相比萧衍对功臣的吝啬，他对皇亲国戚却格外照顾，甚至徇私护短。但他的徇私照顾最终让他看破红尘，走上了笃信佛教的道路。

深受萧衍庇护的亲属中，一个是他的六弟萧宏，一个是他的二儿子萧综。

萧宏窝藏杀人凶手，不仅没有受到萧衍的责罚，反而被升了官，这让萧宏越来越放肆，甚至和萧衍的女儿秘议谋朝篡位，计划暗杀萧衍。萧衍的女儿深知自己犯了死罪，就自杀了，但萧衍却没有怪罪萧宏，后来萧宏得病死了。

萧衍的次子叫萧综，他的母亲吴淑媛原本是东昏侯的妃子，后来做了萧衍的妃子，七个月就生了萧综，所以萧综可能是东昏侯的儿子。但萧衍却非常喜欢萧综，不仅封他为王，还让他做了将军。后来萧综知道了自己的身世，渐渐疏远了萧衍。

再后来，大梁和北魏发生边境冲突，萧综奉命领兵作战，却投降北魏，获得了高官厚禄。萧综从此以后改名为萧缵①，并表示为东昏侯服丧三年。

得到消息的萧衍气愤异常，立即撤销了萧综的封号，把他的母亲吴淑媛贬为庶人。但没过多长时间，萧衍就后悔了，他让吴淑媛给萧综送去萧综小时候的衣服，希望能打动萧综，但萧综却不为所

①缵：zuǎn。

动。不久之后，吴淑媛病死，萧衍又起了恻隐之心，不仅下令恢复萧综的封号，还给吴淑媛加了"敬"的谥号。

出家的皇帝

萧衍一生中曾多次出家。

公元 527 年的三月初八，萧衍第一次出家。他来到同泰寺待了三天，后来大赦天下，改年号为大通。公元 529 年的九月十五日，萧衍第二次到同泰寺。他脱了龙袍，换上僧人的衣服，后来经过文武百官苦苦哀求祷告，直到二十七日萧衍才还俗。公元 546 年四月初十，萧衍第三次舍身出家，群臣花费了两亿钱将其赎回；公元 547 年的三月初三，萧衍第四次出家，这次在同泰寺待了三十七天，朝廷出资一亿钱赎回。

晚年的萧衍笃信佛教，把主要精力都放在钻研佛教理论上，再没有精力去治理国家，因此朝廷上下昏聩腐朽，贪官层出不穷。萧衍还不听劝告，纵容恶势力，使全国的僧尼数量众多，寺庙富得流油。

萧衍信佛之后，不再食用荤腥，还要求全国百姓学习他的做法，下令以后祭祀活动不准再用猪牛羊，而改用蔬菜代替。此令一出，全国上下议论纷纷，人们都表示反对。最后不得已，萧衍允许用面捏成牛羊的形状进行祭祀活动。

南朝四百八十寺——佛教的兴盛

佛教自秦汉时进入中国，到西晋时洛阳城内的庙宇就很多了，但多毁于战火。东晋以后，佛教更加兴盛和深入人心；南北朝时期，佛教的兴盛达到顶点，所以才有"南朝四百八十寺"的诗句，说明了官方对佛教的重视。宋文帝重用僧人慧琳，梁武帝用法显参与朝政，因为当时的僧侣都穿黑衣，所以时人称之为"黑衣宰相"。在民间，这一时期的人物中，很多人名中都有僧字。

为改革大义灭亲的北魏孝文帝

公元 467 年，拓跋宏出生于北魏都城平城，公元 469 年被立为太子。三年后，年仅五岁的拓跋宏被人抱上皇帝宝座，在皇宫的太华殿前举行隆重的登基大典。当时他只是个乳臭未干的小娃娃，可谁也想不到，正是这个小娃娃掀起了一场声势浩大的改革，并且名垂千古，他就是北魏孝文帝。

迁都洛阳

北魏孝文帝想迁都洛阳，又怕遭到王公贵族和文武百官的反对，于是他想了一条妙计。

公元 493 年，孝文帝拓跋宏亲自率领三十几万大军，从平城出发南下征讨齐国。大军走到洛阳时遇到雨季，足足下了一个月的雨，路上泥泞难行，将士们叫苦连天。

　　但是孝文帝继续穿着沉重的盔甲骑马上路了，丝毫没有停下来的意思。大臣们原本就不想出兵，于是趁着大雨难行，纷纷阻拦队伍行进。

　　孝文帝故作严肃地说："我们大张旗鼓地讨伐齐国，如果遇到下雨就放弃，岂不是让子孙后代笑话吗？如果不能继续向南走，不如把北魏的国都迁到这里。你们认为这个主意如何？"文武百官听后，你看我，我看你，大眼对小眼。

　　孝文帝一咬牙说："不要再犹豫了！同意迁都的人站左边，不同意的站右边！"

　　一个大臣说："只要陛下您同意不再南下，迁都洛阳的事我们也愿意答应。"

　　其余的文武官员虽然大多数人不赞成迁都，但是听说只要迁都就可以罢兵，也都陆续表示同意了。

　　孝文帝安排好洛阳的事，又马不停蹄地派人回到平城，向那里的王公贵族和文武官员宣传迁都的好处。他又亲自返回平城，召集大臣们商议迁都的事。平城的王公贵族中有不少人反对迁都，他们找到一个又一个不迁都的理由，但都被孝文帝驳回了。最后那些人再也说不出道理了，只好说："迁都是国家大事，谁也不知道此举是凶是吉，不如占卜问一下神灵吧！"

孝文帝说："关于迁都的事，已经没有任何疑问了，还占卜做什么？朕治理天下，应该走南闯北，四海为家。再说，我们的祖辈也迁过几次都，为什么我就不能迁呢？" 众人哑口无言，就这样迁都成功了。

移风易俗

为了更好地统治百姓，改变鲜卑族落后的文化，北魏孝文帝统一北方以后，就开始着手学习汉人先进的文明，因此，汉化改革被提上日程。其实，北魏政权早就开始了和汉民族的融合和学习。孝文帝的祖母冯太后是汉族人，他被冯太后养在身边，从小耳濡目染，非常迫切地想进行汉化改革。

公元 499 年一月，北魏孝文帝风尘仆仆地从外地回到洛阳处理朝政，尽管此时的他身染重病，但还是在回京第二天就开始接见文武百官。

孝文帝满脸不高兴，生气地责问元澄说："经营一个国家的根本是礼教和文化，朕离开京城这么长时间，我鲜卑族旧的习俗改变了多少呢？"

元澄一见孝文帝大怒，心中就非常害怕，他吞吞吐吐地小声回答说："启禀陛下，百姓的习俗每天都在改变。"

孝文帝气得双目圆睁，狠狠瞪着元澄："朕昨天入城门，看到街上来往车子里的妇人还是鲜卑族旧服饰——头戴帽子，身穿紧身的小袄，怎能说每天都在改变？既然有不愿意改变习俗的百姓，你们这些人为何不去查看？"

元澄赶忙解释说："穿鲜卑旧服的人其实很少，不穿旧服的人才多呢。"

孝文帝听了，心中更加恼怒，他大声说道："太奇怪了！你的意思难道是想使洛阳全城到处都是穿旧服的人吗？你这种行为就是一句话可以丧国的罪！史官，记下来！"

这下可把元澄吓得半死，他马上摘下帽子请罪，承诺以后亲自督促移风易俗的事宜。

由于孝文帝的极力坚持，没过多久，汉族文化在鲜卑族中发扬光大。城中的百姓都跟着穿起了汉服，汉化改革终于取得了成功。

镇压叛乱

公元 496 年八月，北魏孝文帝外出巡游时，留下太子元恂坐镇金墉城。元恂不是个爱学习的人，而且身体肥胖，洛阳天气炎热难忍的时候，他就怀念旧都城的凉爽，总想着把都城迁回去。他不喜欢说汉语、不喜欢穿汉人的衣服，他把父皇孝文帝赏赐给他的汉族服饰全部销毁，仍按照鲜卑族的传统打扮：把头发编成辫子，并且坚持左衽^①。

太子元恂的侍从官高道悦多次苦口婆心地劝说元恂，因此使元恂怀恨在心。恰好孝文帝出巡，元恂觉得机会来了，就与心腹密谋，悄悄从宫里选了三千匹御马，要秘密前往平城，并亲手杀死高道悦。幸亏有个叫元俨的大将派兵严守各个宫门，阻止了叛乱的进一步发展。

第二天一早，太子元恂的所作所为便被快马上报给了孝文帝，孝文帝大吃一惊，匆忙返回洛阳。见到元恂后，孝文帝怒气冲冲地列举了儿子的罪责，不仅亲手杖打他，还派王禧等人替自己打了元恂一百多杖。

之后，孝文帝便把元恂囚禁在城西别馆。

十月时，孝文帝召集文武百官商议废太子元恂的事情，太子的两个老师穆亮、李冲一齐磕头请罪。

孝文帝说："你们为太子请罪是出于对他的私情，朕商讨的是国事。古人都讲'大义灭亲'，如今元恂想叛逃，犯了天下第一大罪，他非被除掉不可，否则就会变成国家大祸。一旦朕逝世后，恐怕晋朝末年的永嘉之乱就又会发生了。"

---

①左衽：衽，指衣襟。我国古代部分少数民族或是汉族死者所着的服装，前襟向左掩，不同于中原一带人民的右衽。

十二月，孝文帝废掉元恂的太子身份，把他贬为庶人并囚禁起来，只给他一些布衣粗食维持生计。到了第二年四月，元恂再次密谋造反，孝文帝得到报告，就派人带着毒酒来到囚禁元恂的地方，逼他服毒自尽，并且只用粗糙的棺木和常服装殓，当时废太子元恂只有十五岁。

◈ 相关链接：

拓跋弘之死

献文帝拓跋弘是孝文帝拓跋宏的父亲，他当政时，拓跋宏的祖母冯太后是北魏的实际掌权者，年轻的献文帝拓跋弘与冯太后发生了激烈的政治冲突，被迫在十九岁时让出帝位，传给儿子拓跋宏。但他并不死心，退位后仍蠢蠢欲动，没过多长时间就以太上皇的身份出兵征伐、巡视各地，还重新起用了被冯太后罢免的旧官员。这些让冯太后忍无可忍，公元476年，冯太后干脆一不做二不休，处死了献文帝。那一年，拓跋宏只有十岁。

全才科学家祖冲之

南北朝时期，衰落的宋王朝出现了一位杰出的科学家祖冲之。他不仅是一位数学家，还通晓天文历法、机械制造，同时还是一位文学家。祖冲之制定的《大明历》，改革了历法，他将圆周率算到了小数点后七位，是当时世界上最精确的圆周率数值。为纪念这位伟大的古代科学家，1967 年，国际天文学家联合会把月球上的一座环形山命名为"祖冲之环形山"。

自幼热爱天文

祖冲之的祖父名叫祖昌，任大匠卿，是主管建筑工程的高级官员。他外出勘察时，常常带祖冲之一起去。工地上有许多工匠，他们能算能画，祖冲之见了敬佩极了。

受到祖父的影响，祖冲之从小就对天文历法很感兴趣，他常常钻到父亲或祖父的书房找书看。一次，他看完汉代天文学家张衡写的文章后，走进爷爷的书房。爷爷指着一个半边白色半边黑色的木球问他："为什么月亮会成这样？"祖冲之歪着头想了想，答道："我知道，张衡说月亮本身不发光，但朝着太阳的一面由于受到太阳的照射后，才把太阳光反射给地面，所以我们看到它有光亮。背着太阳的一面则没光亮，因此就像这个木球，一半白一半黑。"

爷爷高兴地说："对！你再想想，月亮为什么有圆有缺呢？"祖冲之看着木球想了想，说："人站在地球上正对着月亮发光的一面，就看到满月，侧对着发光的一面就是半月；侧得越多，见到的月亮就越小，成了月牙形……"

爷爷高兴得胡子都翘起来了，"你说得对！如果日月相对，地球在中间，太阳光被地球遮住照不到月亮上，会发生什么现象呢？"小冲之立刻回答："月食！"

从这以后，祖冲之对有关天文的书产生了更加浓厚的兴趣，他一边看着书，一边转动着木球琢磨。

有一天，他听说有个叫何承天的朝廷命官研究天文很有成就，就缠着祖父去拜访。何承天见他对天文这么感兴趣，便说："孩子，研究天文很辛苦，既不能升官，也不能发财，何苦呢！"祖冲之回答说："我不想升官发财，只想弄清楚天地的秘密！"

一番话说得何承天眼圈都红了，从此以后便悉心教导祖冲之。

舌战群儒争历法

祖冲之根据自己研究的成果，重新制定了一种新历法，史称《大明历》。

公元 462 年，祖冲之把自己精心编成的《大明历》送给宋孝武帝请求公布实行，宋孝武帝命令懂得历法的官员对这部历法的优劣进行讨论。

在讨论过程中，祖冲之遭到了以戴法兴为代表的守旧派的反对，祖冲之就写了《历议》一文予以驳斥。他说，为了明辨是非，他愿意彼此拿出明显的证据来相互讨论，至于那些捕风捉影无根据的贬斥，他丝毫也不惧怕。戴法兴则认为，历法中的传统是古人传下来的，他责骂祖冲之不应该悖逆祖先的历法，认为天文和历法不是祖冲之那样的凡夫俗子能测出来的，这种行为属于大逆不道。祖冲之却不以为然，反驳说不应该"信古而疑今"，日月五星的运行并不神秘，只要进行精密的观测和研究，是完全可以探明的。

当时的祖冲之只有三十岁出头，步入仕途不久，官阶很低，但他凭借严谨求实的精神和有理有据的驳议，赢得了这场大辩论。最终，宋孝武帝决定在公元 465 年改行新历。

神奇的割圆术

所谓"割圆术"就是在圆内画个正六边形，其边长正好等于半径；再分十二边形，用勾股定理求出每边的长；然后再分二十四、四十八边形，一直分下去，所得多边形各边长之和就是圆的周长。祖冲之非常佩服前人刘徽总结出的这个计算圆周率的科学方法，但刘徽的圆周率只得到九十六边，得出 3.14 的结果后就没有再算下去。祖冲之决心按刘徽开创的路子继续走下去，一步一步地计算出一百九十二边形、三百八十四边形……以求得更精确的结果。

当时，数字运算还没利用纸、笔和计算器进行演算，而是通过纵横相间的罗列小竹棍，然后按类似珠算的方法进行计算。祖冲之在房间地上画了个直径为一丈的大圆，又在里边做了个正六边形，然后摆开他自己做的许多小木棍开始计算起来。

此时，祖冲之的儿子已经十三岁了，也帮着父亲一起工作，两人废寝忘食地计算了十几天才算到九十六边，结果比刘徽算的少了 0.000002。儿子对祖冲之说："我们计算得很认真，一定没错，可能是刘徽错了。"祖冲之却摇摇头说："要推翻他一定要有根据。"于是父子俩又花了十几天时间重新计算了一遍，证明刘徽是对的。

祖冲之为避免再出误差，以后每一步都至少重复计算两遍，直到结果完全相同才罢休，祖冲之从一万两千两百八十八边形，算到两万四千五百六十七边形，两者相差仅 0.0000001。祖冲之知道从理论上讲，还可以继续算下去，但实际上却无法下手了，只好就此停止，从而得出圆周率必然大于 3.1415926，而小于 3.1415927。直到一千多年后，德国数学家鄂图才得出相同的结果。

因此，祖冲之被称为伟大的科学家，受到全世界的尊重。

看太阳知早晚——古人的计时法

古代主要根据天色把昼夜分为若干时段，日出时叫旦、早、朝、晨，日入时叫夕、暮、昏、晚，所以古书上常常出现朝夕、旦暮、晨昏、昏旦并举。太阳正中时叫日中，将近日中的时间叫隅[①]中，太阳西斜叫昃[②]。

古人一日两餐，朝食在日出之后，隅中之前，这段时间叫作食时或蚤食；夕食在日昃之后，日入之前，这段时间叫晡时。日入以后黄昏，黄昏以后是人定，人定以后就是夜半了。鸡鸣和昧旦是夜半以后相继的两个时段名称，昧旦是天将亮的时间，又叫"昧爽"。古书还常提到平旦、平明，这是天亮的时间。

古人对昼夜有等分的时辰概念之后，开始用十二地支表示十二个时辰，每个时辰恰好等于现代的两个小时，小时的本义就是小时辰。十二地支就是子、丑、寅、卯、辰、巳、午、未、申、酉、戌、亥。和现代对照，晚上11点到凌晨1点为子时，凌晨1点到3点为丑时，凌晨3点到5点为寅时，以此类推。

---

①隅：yú。
②昃：zè。

知行合一的博物学家郦道元

郦道元是我国南北朝时北魏地理学家。出身官宦世家的他从小便对地理十分感兴趣，再加上成年后仕途坎坷，因此寄情山水，不辞辛苦游历名山大川，绘制水文地图，最终成了一个博物学家。他留下的水文著作《水经注》，至今还为人称颂不已。

读万卷书行千里路

少年时代的郦道元，对地理考察有着浓厚的兴趣。十几岁时，他就开始游览名山大川。有时和一些好友结伴出游，有时和祖父、父亲一起漫游各地，或干脆自己背起行囊浪游四方。年纪轻轻，他已游遍了北方的山山水水，游历使他大开眼界，对各地的水文地理、风土人情、历史文化都有了真切的了解。

郦道元还酷爱读书，他读书范围很广，除了正统的经史子集外，方术、医卜、地理、天文都有涉猎，尤其喜欢文学方面的书。随着见闻的日益增多、知识的日益积累，他经常被创作的冲动所左右。

一天，郦道元的一位朋友从南朝回来，给他带了一本《水经注》，说："这是郭璞注解的书！"

郦道元接过来一看激动不已，"太好了！这是我一直想要得到的书！"

他一头扎进书里，接连好几天手不释卷。

郭璞是东晋时有名的文学家，《水经》由汉代桑钦所作，是我国古代第一部系统记述全国河流状况的书，文字简略，郭璞为这本书作了注。郦道元自从有了这本书，总是带在身边，有空就翻阅，他似乎从这书里领会了一些什么。

日有所思，夜有所梦。有一天夜里，郦道元梦见了郭璞，梦中郭璞对他说："我为《水经》作注时，正碰上天下大乱，北方的河流没法详细记录，很是遗憾。如果你愿意为这本书重新作注，老朽愿以笔墨相助。"说完就消失不见了。

郦道元醒来，呆呆地想了很久，从此他的文采大有进步，开始了《水经注》的撰写。

两袖清风

在郦道元兄弟五人中，他为长子，承袭了其父永宁侯的爵位。郦道元的父亲郦范年少有为，在太武帝时期给事东宫，后以卓越才能成为优秀的军师，曾经做过平东将军和青州刺史。郦道元也先后担任过骑都尉、太傅掾、书侍御史、御史中尉和北中郎将等中央官职，并且多次出任地方官。

郦道元在做官期间，执法清刻，为人严谨，对各种违法犯纪的事总是严格惩处，哪怕是贵族也毫不留情。因此触怒了一些地方豪强和皇亲国戚，成为他们的眼中钉、肉中刺。他们到处造谣，说郦道元是酷吏，郦道元也因此多次受到朝廷指责，但他就是改不过来。

在任御史中尉时，有个叫丘念的人犯了死罪。这人是汝南王的亲信，藏在王府中，郦道元硬是设计把他诱出王府捕获。汝南王去求太后说情，郦道元顶住太后的压力，最终还是处死了丘念。皇室的人对他恨得咬牙切齿，于是他们派郦道元出任关右大使，去监视将要反叛的北魏将领萧宝夤[1]，想借刀杀人。

公元 527 年，郦道元在奉命赴任关右大使的路上，雍州刺史萧宝夤受汝南王元悦怂恿，派人把郦道元一行围困在阴盘驿亭[2]。驿

---

①夤：yín。
②驿亭：驿站所设的供行旅止息的处所。

亭在冈上，没有水吃，郦道元带人凿井深达十几丈，仍不见出水。最后，郦道元和他的弟弟郦道峻以及两个儿子一同被杀害。

公元 527 年，六镇叛乱，四方骚动。国家正值多事之秋，郦道元慷慨殉国。长空孤雁鸣，秦山鸟悲歌，在流星闪过之时，一代英豪就此陨落。

古代地质著作《水经注》

《水经注》因注《水经》而得名，《水经》一书约一万余字。《唐六典·注》说其"引天下之水，百三十七"。《水经注》看似为《水经》的解释，实则以《水经》为纲，详细记载了一千多条大小河流及有关的历史遗迹、人物掌故、神话传说等，是中国古代最全面、最系统的综合性地理著作。

毕生心血在农学的贾思勰 ①

　　生活在北魏末年的贾思勰从小对农业知识很感兴趣，向农民学习了大量农业知识。后来他得到朝廷重用，走上仕途，指导农业生产，取得了很好的效果。晚年，贾思勰辞官回家，边耕种边著书，历时十一年完成《齐民要术》一书，贾思勰也被人们誉为"农圣"。

博览群书

　　贾思勰出生于一个世代务农的书香门第，他的祖父和父亲两代都善于经营，有着丰富的劳动经验，并且都非常重视农业技术方面的学习和研究，积攒了不少家族产业。贾思勰从小在田园长大，对很多农作物都非常熟悉，他还跟着父亲参加各种农业劳动，学习掌

①勰：xié。

握了大量农业科技。他家里拥有大量藏书，这使他从小就有机会博览群书，从中汲取各方面的知识，也为他以后编撰《齐民要术》打下了基础。

成年以后，贾思勰曾经做过高阳郡太守①等官职，到过山东、河北、河南等许多地方。贾思勰生活的那个年代，南北政局相对稳定，尤其是北朝，几代皇帝对农业都非常重视，农业发展更是蒸蒸日上。而且北方的农业由于游牧民族的融入，畜牧业和养殖业也繁荣起来，与汉民族固有的耕种业互相渗透，从而使农业呈现出全面的繁荣。贾思勰在各地做官时，非常敏锐地觉察到了这种变化，并关心各地的农业生产技术，对于好的经验及时予以推广。

就这样，勤勉努力的贾思勰最终成了著名的农学家。

向劳动人民学习

贾思勰每到一地，总会向当地老百姓请教务农的方法，学习他们多年积累下来的宝贵经验。比如：长着茅草的地要先让牛羊在上面踩过一遍，七月份翻地后，茅草才会死去；长得饱满、颜色纯正的稷②穗，一般是首选的种子类型，把它们割下来，高高挂起，等

---

①太守：为一郡之最高长官，除治民、进贤、决讼、检奸外，还可以自行任免所属掾史。
②稷：谷子。

到第二年春天再脱下粒来播种，庄稼长势才好；不同的地理位置，不同的气候环境，要选不同的作物种类。例如：风大霜重的山地种谷子，就得选用茎秆坚强的品种；而温暖潮湿的低地种谷子，就得选用生长旺盛产量高的品种。

有一次，贾思勰养的二百多头羊因为饲料不足，不到一年就饿死了大半。事后他想，下次我事先种上二十亩大豆，这样准备的饲料应该足够多了。就这样，他又养了一群羊。可是过了一段时间，羊又死了许多。到底是什么原因呢？羊少饲料多，羊也会死亡。就在这时，有人告诉贾思勰，在百里之外有一位养羊的能手，也许能帮助他。贾思勰立刻找到这位老羊倌，向他请教。老羊倌在仔细询问了贾思勰养羊的情况后，找到了羊死亡的原因。原来是因为贾思勰随便把饲料扔在羊圈里，羊在上面踩来踩去，拉屎撒尿也在上面。羊是不肯吃这种饲料的，于是就被活活饿死了。贾思勰又在老羊倌家里住了好多天，认真观察了老羊倌的羊圈，学习了老羊倌丰富的养羊经验。回去后，就按照这些养羊的方法做，效果果然不错。

贾思勰在探索、实践中，逐步掌握了许多丰富的生产经验，也让他更加迷恋研究农业生产，因此在致仕①后一门心思继续钻研农业。

---

①致仕：交还官职，即退休。

◉ 相关链接：

伟大的农书《齐民要术》

　　《齐民要术》是一本农业大百科全书。它收录了一千五百年前中国农艺、园艺、造林、蚕桑、畜牧、兽医、配种、酿造、烹饪、储备，以及治荒的方法；把农副产品的加工以及食品加工、文具和日用品生产等形形色色的内容都囊括在内；最后还列举了很多的"非中国物"，其实就是北方不出产的蔬菜和瓜果。

不信鬼神的范缜

范缜是南北朝时期著名的唯物主义思想家。他出身寒门，幼年丧父，十几岁拜名师求学，学成后走上仕途。范缜一生坎坷，然而他生性耿直，不怕威逼利诱，写下了哲学著作《神灭论》。为推广无神论，他不畏强权，与贵族展开了针锋相对的辩论，在中国古代思想发展史上留下了具有划时代意义的一笔。

艰辛求学

范缜的一生过得并不平坦，这种坎坷似乎从年少求学时就注定了会充满无数挑战与考验。

范缜的父亲在范缜出生后不久便离开了人世，留下年幼的范缜与母亲相依为命，家境十分贫困。然而范缜并没有因为家境贫困而自暴自弃；相反，他对母亲孝顺，对求学坚持。在范缜弱冠①之时，他告别母亲，离开家乡，投到刘瓛②的门下，开始了自己艰难的求学之路。

因为当时刘瓛的名望很高，前来他门下学习的人不是家中富有就是家中显赫，这些人依靠父辈经常自恃过高，看不起像范缜这样的穷学生，经常嘲讽他："穷得叮当响也学人家读书？"

范缜默默地扫视了一下自己身上的粗布衣服、脚下穿的草鞋，但他很快就昂首道："你们锦衣玉食没有什么可骄傲的，我出身寒门也没什么可自卑的！"

他不仅不自卑，还敢于发表言论，这让老师对他更加关注，甚至亲自为范缜行成人礼。

范缜在求学这条布满荆棘的路上不断前行、孜孜不倦，使得我国古代有了独特的思想，也为后人指明了道路。

针锋相对

北齐的竟陵王萧子良在京都鸡笼山西邸官舍广宴宾客，范缜也身在其中。萧子良以信佛闻名于世，邸内除聚集了信佛的文人学士

①弱冠：戴上表示已成人的帽子，以示成年，但体犹未壮，故称"弱"。
②瓛：huán。

外，还招揽了许多知名的僧人讲论佛法。范缜却否认佛教的灵魂不灭、轮回转世、因果报应之说，因而发生了一场激烈的争辩。

萧子良问范缜："你不相信因果报应，为什么人世间有富贵和贫贱的区别？"范缜回答说："人的一生就好比一树花，都长在同样的花枝上，一阵风吹过，有的花瓣落在华贵的帷帐和席子上，有的落在篱笆下或粪坑旁。掉在席子上的，就是殿下您这样的人；落入粪坑里的，是我这样的人。贵贱虽然不同，因果又在哪里？人生的贫富贵贱不过是偶然造成的。"

萧子良立刻召集僧侣与范缜辩论，但谁都不能说服范缜。崇信佛教的士人写文章攻击范缜。其中有个叫王琰的讥讽他说："范缜竟不知道他祖宗的灵魂在什么地方！"范缜回答说："阁下您知道先祖神灵在哪里，可惜却不能自杀去追随他们！"

眼见得辩驳不过，萧子良又想用中书郎①官位来拉拢他。范缜大笑着说："想让我范缜出卖自己换取官职，中书郎的职位太小了！"

范缜不仅在言语上批驳有神论，在实际行动中也是坚定的执行者。他出任宜都太守时，所辖的夷陵境内有许多神庙，范缜下令全部焚毁，不许奉祀②。后西邸旧友雍州刺史萧衍起兵东向，范缜迎投衍军。

①中书郎：三国魏始置，属中书省，为编修国史之任。
②奉祀：指供奉祭祀。

不畏权贵

公元 502 年，范缜做了晋安太守，在官期间清正廉明。升迁至尚书左丞，但不久之后因为尚书令王亮的事被贬到广州。

梁武帝萧衍当权期间，大行佛道，下诏宣布佛教为"正道"，而《神灭论》却在范缜的亲友中广为流传。范缜回京师担任中书郎时，他最大的反对者沈约担任中书令。梁武帝发《敕答臣下神灭论》的意旨，重新挑起了关于"有神论与神灭论"的论战。范缜对自己的理论做了更精辟的修订，成为现传的《神灭论》。大僧正法云将萧衍敕旨大量传抄给王公朝贵，并写了《与王公朝贵书》，响应者有临川王萧宏等六十四人。萧琛、曹思文、沈约三人著文反驳《神灭论》。曹思文以儒家的郊祀配天制度证明神之不灭，还污蔑范缜欺君、伤风败俗。但范缜并不畏惧，据理反驳，侃侃而谈。最后，曹思文不得不承认自己才疏学浅，败下阵来。在萧衍发动围剿《神灭论》数年后，范缜过世了，他活着的时候写的文章绝大多数也找不到了。

无神论者的历史巨典——神灭论

《神灭论》是范缜为了进一步阐明自己的观点而作的，这是一部充满了唯物主义气息的杰作。全文采用问答形式，对有神论进行了有效的批驳。针对佛教的"人死而灵魂永在"言论，范缜正面驳斥："形者神之质，神者形之用，形存则神存，形谢则神灭。"意思是，人的肉体是本质的东西，而精神是人体的一种功用。人体生存，精神就存在；人体一旦死亡，精神也会随之消亡。他还用刀口和锋利做比喻，指出人的精神和肉体的关系好比锋利和刀口，离开了刀口，也就无所谓锋利。

范缜的《神灭论》在当时引起了巨大轰动以及众多学者的讨论，这一著作也成为后世无神论者的宝贵历史参考典籍。

穷奢极欲的陈后主

　　公元 557 年，陈霸先建立陈王朝，但他绝对不会想到，短短几十年的工夫他的后代就出现了昏君。那就是南朝的陈后主陈叔宝，一个有才又荒唐的糊涂皇帝。陈叔宝文采风流，多才多艺，如果不是被推到皇位上，也许中国历史上就多了一位大才子，而不是一个亡国之君。人生无常，命运如戏，属于陈后主的章节以喜剧开始，他侥幸登上帝位；却以悲剧收场，最终国破家亡。

侥幸得王位

　　在北朝政治动乱的时候，南陈王朝获得了一个暂时的安定局面，经济渐渐恢复。陈霸先开创南陈霸业，传到第五位皇帝时，出现了一个荒唐得出奇的陈后主。

陈后主名叫陈叔宝，是个完全不懂国事，只知道喝酒享乐的人。他是陈宣帝的嫡长子，生于公元553年，六岁就被立为太子。按说他登上陈王朝的皇位是顺理成章的事情，但是陈叔宝靠的却是侥幸。

公元582年，陈宣帝驾崩^①第二天，陈叔宝正伏在父亲的灵前痛哭流涕。觊觎王位已久的陈叔宝的弟弟陈叔陵，趁机拿出一把切药材的刀子，砍向陈叔宝的脖子，陈叔宝当场昏厥。

也许是陈叔陵太过紧张，或者是刀子不够锋利，陈叔宝并没有被砍断脖子。这时，陈叔宝的另一个弟弟陈叔坚冲了上来，擒拿陈叔陵，陈叔陵拼命挣扎逃出宫外，放言要发动兵变。幸亏陈叔坚带兵平了乱党，陈叔宝才得以登基。

不听逆耳忠言

陈叔宝即位后，大兴土木，造了三座豪华的楼阁，让他的宠妃们住在里面。他手下的宰相江总、尚书孔范等，都是一伙腐朽的文人。陈后主和他的宠妃张丽华等人在宫里举行酒宴的时候，也让他们一起参加。这些人通宵达旦地喝酒赋诗，陈叔宝精通音律，还亲自为他们的诗配上曲子，并挑选了一千多个宫女专门来唱这些歌曲。

①驾崩：中国古代称皇帝或皇太后的死亡。

陈叔宝极为宠爱张丽华，甚至为了博得美人一笑先后两次给她下跪，毫无君主的体面尊严。

陈叔宝过着这样穷奢极侈的生活，是以对百姓的残酷搜刮为基础的。连年的苛捐杂税，老百姓被逼得过不上好日子，流离失所，到处可见倒毙的尸体。一时间，朝廷上下怨声载道。秘书监^①傅绛^②上奏说："陛下，现在已经到了天怒人怨、众叛亲离的地步。您再这样荒唐下去，恐怕王朝就要完了。"

陈叔宝一看到奏章就火了，派人去对傅绛说："你能改过认错吗？如果愿意改过，我就宽恕你。"

傅绛说："我的心同我的面貌一样，如果我的面貌可以改，我的心才可以改。"

于是，陈叔宝毫不犹豫地就把傅绛杀了。

亡国跳井

陈叔宝过了五年的荒唐生活。这时候北方的隋朝渐渐强大起来，决心灭掉南方的陈朝。

公元 588 年，隋文帝造了大批战船，派他的儿子晋王杨广、丞

---

①秘书监：我国封建社会中央政府设置的专掌国家藏书与编校工作的机构和官名。
②绛：zài。

相杨素担任元帅，率领五十一万大军，分兵八路渡江进攻陈朝。

隋文帝亲自下了讨伐陈朝的诏书，宣布陈叔宝二十条罪状，还把诏书抄写了三十万张，派人带到江南各地散发。陈朝的百姓本来就恨透了陈叔宝，看到隋文帝的诏书，人心更加动摇起来。

杨素率领的水军从永安出发，乘几千艘黄龙大船沿着长江东下，满江都是旌旗和战士们闪闪发光的盔甲。南陈的江防守兵看了，都吓呆了，哪里还有抵抗的勇气？

其他几路隋军也都顺利地开到江边，陈军守将告急的警报接连不断地送到建康。陈叔宝正跟宠妃、文人们醉得七颠八倒，他收到警报后，连拆都没拆，就往床下一丢了事。后来警报越来越紧，大臣们一再请求商议抵抗隋兵的事，陈叔宝才召集大臣商议。

陈叔宝说："东南是个福地，之前北齐来攻过三次，北周也来了两次，都失败了。这次隋兵来，还是一样来送死，没有什么可怕的。"

他的宠臣孔范也附和说："陛下说得对，我们有长江天险，隋兵又不长翅膀，难道能飞过来？这一定是守江的官员想贪功，故意造的假消息！"

大家你一言我一语，根本不把隋兵进攻当作一回事。笑话了一阵，又照样叫歌女奏乐，喝起酒来。

公元589年正月，两路隋军逼近建康。到了这个火烧眉毛的时刻，陈叔宝才惊醒过来。城里的陈军还有十几万人，但是陈叔宝手下的宠臣江总、孔范一伙都不懂得怎么指挥，陈叔宝急得手足无措。隋军顺利地攻进建康城，陈军将士被俘的被俘、投降的投降。隋军打进皇宫，到处都找不到陈叔宝。后来捉住了几个太监，才知道陈叔宝逃到后殿投井了。

隋军兵士找到后殿，果然有一口井，往下一望，是个枯井。他们隐约看到井里有人，就高声呼喊，可井里没人答应。兵士们威吓着叫喊说："再不回答我们就要扔石头了。"说着真的就拿起一块大石头放在井口，装出要扔的样子。

井里的陈叔宝吓得尖叫起来，兵士把绳索丢到井里，才把陈叔宝和两个宠妃拉了上来。

南朝的最后一个朝代陈朝就此灭亡。

中国历史上十大亡国之君

夏桀：重用佞臣，排斥忠良，奢侈无度，嗜杀成性，宠爱妹喜，被商汤放逐后饿死。

商纣：荒淫残暴，宠幸妲己，杀害忠良，被周武王打败后自焚于朝歌鹿台。

周幽王：为博取褒姒一笑烽火戏诸侯，以致国破身亡。

秦二世：残暴凶狠远胜秦始皇，却无始皇帝的雄才大略，被赵高所逼自刎而死。

汉献帝：继位时东汉王朝已经名存实亡，最终成为曹操挟天子以令诸侯的工具，后被曹丕废黜后病死。

隋炀帝：弑父杀兄，荒淫残暴，致使天下大乱，为宇文化及等发动兵变所缢杀。

南唐后主：善于作文填词，又工书画、精音律，却怠于朝政、纵情声色。投降北宋后被宋太宗毒死。

宋徽宗：喜好书画和奇花异石，擅长画花鸟画，自创瘦金体，金兵攻入开封后被俘，后死于金邦五国城。

元顺帝：继位后政务腐败，奢侈挥霍，大举开河，激起农民大起义，后在明军攻击下退归大漠。患痢疾病死。

明思宗：即崇祯皇帝，继位后大有励精图治之志，但生性多疑，终未能挽明朝于危亡，最后吊死煤山。

青灯古佛照耀下的旷世奇才

　　刘勰，是南北朝时期著名的文学理论家。他幼年勤奋读书，最终以著书立说名垂青史。他生于寒门，却不坠青云之志，用心求学，终生未娶，对后世影响颇大。一部《文心雕龙》，让他在浩瀚的中国文学史和文学批判史上留下了浓墨重彩、不可或缺的一笔。

借灯光发奋读书

　　刘勰是山东莒县人，自幼父母双亡，留给他的遗产只有一堆书。刘勰从小酷爱读书，每天砍柴回到家总要捧起书苦读到深夜。家里实在没有钱买灯油，他只好跑到十几里外的金华寺借着佛灯读，为此还闹过一段笑话。

　　金华寺的住持名叫僧祐，是一位非常有学问的高僧，他的禅房

里有不少古代经典著作。有一天，僧祐刚早课①完毕，夜里负责打更的小和尚慌慌张张地跑来说，昨夜大殿里的佛祖显灵。他亲眼看见了佛像活动，亲耳听到了清晰的读经声。

僧祐半信半疑，决定亲自查看一下。第二天晚上刚刚掌灯，僧祐就悄悄躲在大殿里等候。初更②过后，什么动静都没有，只有大殿里烛光摇曳。突然，一个瘦小的身影猛地从墙外窜进来，溜进了大殿。

僧祐从佛像后出来，大声问道："你三更半夜翻墙进来，所为何事？""我……我是来这里读书的，家里没有灯油。"刘勰边说边从怀里掏出一本书。

僧祐深受感动，他不禁轻轻地拍了拍刘勰的肩膀说："有志气的孩子！如你不嫌弃，就跟着贫僧读书吧！"

刘勰听完，高兴极了，立刻跪在地上叩拜僧祐。从此以后，刘勰得了僧祐的指点，学问进步得非常快。

专心著书不娶妻

刘勰父母双亡后，和邻里关系相处很好。邻居把他当亲生儿子

---

①早课：僧人或道士每日清晨，约凌晨3点至6点之间齐集大殿，诵经礼拜。
②初更：晚7点至9点为初更。

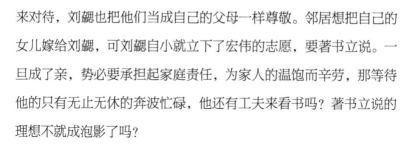

来对待，刘勰也把他们当成自己的父母一样尊敬。邻居想把自己的女儿嫁给刘勰，可刘勰自小就立下了宏伟的志愿，要著书立说。一旦成了亲，势必要承担起家庭责任，为家人的温饱而辛劳，那等待他的只有无止无休的奔波忙碌，他还有工夫来看书吗？著书立说的理想不就成泡影了吗？

经过深思熟虑后，刘勰拒绝了邻居的好意。但随着刘勰年纪越来越大，给刘勰说媒的人也越来越多，几乎把他家的门槛都踩破了。不管刘勰如何婉言拒绝，大家都不相信这么才华横溢的少年不娶妻子。

二十岁时，为了表示自己专心于学业、不愿娶妻的决心，刘勰便收拾行李离开了家，搬到附近的一座庙里。一边帮庙里做些力所能及的事，一边利用庙里清静的环境拼命读书。十几年的时间过去了，刘勰已经阅读了大量的书籍，成了一个学问渊博的人，特别是在佛教经典和文学理论方面研究颇深，这才完成了《文心雕龙》这部巨著的写作。

讲经说法

在刘勰来定林寺定居后，他的名声广为流传，大家都知道他德高望重，且乐善好施，是个菩萨心肠的人。但刘勰每天忙于治学，

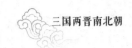

　　没有时间与乡民同乐，一直觉得非常遗憾。这年正月十五元宵节，刘勰决定在定林寺开坛讲佛法，一下子让定林寺变得热闹非凡。周围村庄的百姓闻讯赶来，距离较远的人们也风尘仆仆地赶到寺院，为的是一睹刘勰的风采，整个定林寺被善男信女们围得水泄不通。刘勰的口才非常好，他谈古论今，口若悬河，讲的道理通俗易懂，老百姓听了不由得点头称赞。于是来听刘勰讲学的人越来越多，刘勰的口碑也越来越好，甚至有人听到半夜三更都舍不得离开。年纪大的老人，让儿子用木轮车推来听，简直是百听不厌。

　　从此以后，定林寺附近十里八乡便形成了元宵节讲经、听经的习俗，和点红灯、放焰火一样，表达的是吉祥如意、驱妖避邪之意。

相关链接：

刘勰毛遂自荐遇伯乐

《文心雕龙》写成后，当时不被称道。但刘勰心中有数，他对自己写的书是很有信心的。有一天，他打扮成一个货郎的样子，挡住沈约的车子，并把书献给沈约。沈约是当时的文坛领袖，地位高，名气大。沈约读了以后觉得非常好，经常放在案头看，并推荐给梁武帝。这一年，刘勰由布衣迈进了仕宦门槛。

弑君被诛的阴谋家宇文护

　　他阴险毒辣，接连诛杀三位君王；他曾是北周皇帝宇文泰最得力的助手、最信赖的托孤大臣，也是将家国玩弄于股掌之间的阴谋家。他就是宇文护，一个注定被钉在北周耻辱柱上的人。

临终托孤

　　公元 560 年四月，宇文泰的儿子、十八岁的宇文邕登基。小皇帝举手投足都需看身后人的眼色，那就是宇文泰的侄子宇文护。

　　宇文护早年随着宇文泰征战南北，建立了不少功勋。公元 556 年，宇文泰去世时他的儿子宇文觉才十五岁，于是宇文泰去世前就仿效周武王向周公托孤的先例，任命宇文护为辅政大臣。

　　西魏恭帝只是个傀儡皇帝，手中并没有实权，宇文护用刀逼着

他退位，把帝位让给宇文觉，自此改国号为周。宇文护顺理成章地做了北周的大司马，封晋国公。

宇文护在朝中飞扬跋扈，惹得一些大臣不满，他们私下里商议要除掉宇文护。这个消息被宇文护知道后，他勃然大怒。细细打探后才知道原来连皇帝宇文觉也对自己起了疑心，而且宇文觉甚至调离了宇文护的心腹，想让他孤立无援。于是宇文护就直接对皇帝宇文觉说："世间最亲的人是兄弟，先帝临终前将陛下托付给臣，臣定当誓死效忠陛下，为陛下鞠躬尽瘁死而后已。希望陛下明白臣的一片苦心，千万不要被一些奸党的谗言迷惑啊！"

一番话把宇文觉说得涕泪横流。

连弑二君

尽管宇文护一番话打动了宇文觉，但是朝中大臣除掉宇文护的计划依然在密谋着。不幸的是宇文护耳目众多，很快就将这些人一网打尽，并且以此为理由逼迫宇文觉退位。满朝文武迫于宇文护的权势，都不敢言语。

宇文觉被废后，宇文护觉得斩草要除根，一个月后就杀死了宇文觉。这个短命的皇帝连一年时间的皇位都没有坐够。

宇文护自己不想当皇帝，便拉出宇文泰的长子宇文毓做了皇帝，

史称周明帝，而他自己则做了大冢宰 ①。

周明帝非常聪明，让宇文护感到了潜在的威胁，于是在公元560年，宇文护用一杯毒酒毒死了周明帝。

接着被推上皇位的就是沉默寡言的宇文邕——宇文泰的四儿子。宇文护对这个模样老实、才干平庸的小皇帝没有什么戒备心，完全没有想到有一天会死在他的手里。

宇文护之死

宇文邕为了麻痹宇文护，伺机报仇，足足等待了十二年。宇文邕忌惮宇文护狂暴傲慢，一直秘密地与卫王宇文直策划对付宇文护的办法。

为了让宇文护放松警惕，宇文邕卧薪尝胆。他处处表现出对宇文护恭敬的样子，颁布诏书，要求文书中不能直呼宇文护的名字，还亲自率领王室亲属为宇文护的母亲祝寿。

公元 572 年三月，宇文护从同州回到长安，宇文邕准备下手。宇文邕驾临文安殿，见过宇文护后，领他进含仁殿拜见皇太后。

宇文护将入含仁殿时，宇文邕对他说："太后年事已高，很爱喝酒，不是亲近的人有时就不准拜见。而且时喜时怒，脾气有点反

---

①大冢宰：北周时宰相职，统领百官。

常，之前虽然劝告过多次，但她始终听不进去。今天既然是您拜见，希望您再劝劝太后。"宇文邕乘机从怀中拿出《酒诰》交给宇文护，并说："拿这个来规劝太后。"

　　宇文护拜见皇太后时，皇太后微笑着赐他坐下，而宇文邕则站在一边侍候。宇文护按照宇文邕所言，向太后朗读《酒诰》。还未等读完，宇文邕用玉笏①从后面将宇文护打倒在地。宇文邕又令太监何泉拿御刀砍宇文护，何泉害怕，砍下去后没有伤着宇文护。当时卫王宇文直预先藏在室内，见状后冲出来将宇文护杀死。

---

①笏：hù。

鹳雀楼与宇文护

鹳[1]雀楼，又名鹳鹊楼，因时有鹳雀栖其上而得名。其高台重檐，结构奇巧，气势恢宏。早在盛唐时期，它就因著名诗人王之涣的《登鹳雀楼》而名扬天下，成为中国四大历史名楼之一。

可是你知道鹳雀楼是何人所建吗？《蒲州府志》记载："鹳雀楼旧在城西河洲渚上，周宇文护造。"唐朝李瀚有《河中鹳雀楼集序》云："宇文护镇河外之地，筑为层楼，遐标碧空，影倒横流，二百余载，独立乎中州，以其佳气在下，代为胜概。唐世诸公多有题咏。历宋至金明昌时尚存。有河中府录事李遂书楼额。"据史料可知，这个闻名遐迩的建筑是宇文护亲自督导建造的。可见，在鹳雀楼的建造上，宇文护还是功不可没的。

---

①鹳：guàn。

性情暴躁的北齐皇帝高洋

　　高洋是北齐的开国皇帝，也是一个脾气暴躁的人。他从父亲高欢手中继承了权位，完成了父亲和兄长未竟的事业——篡权。谁也没有想到，这位其貌不扬，甚至有些丑陋的人能够登基称帝；人们更没想到，高洋最终变成了一个性情暴躁的杀人狂魔。

统治者的锋芒

　　高洋是高欢的二儿子，因为长相丑陋备受歧视。他的哥哥高澄曾经这样讽刺他："如果一个人长相如此不堪也能富贵的话，古往今来相面的人说的话就都靠不住了！"

　　但人们都不知道，高洋其实从小就非常聪慧，看问题往往能一下子抓住实质。在高洋还小的时候，高欢想测试一下孩子们的观察

能力和解决问题的能力，就给每个儿子一团乱麻，让他们整理好。其他人都手忙脚乱地拆着麻团，只有高洋抽出了腰间佩带的刀，把缠绕在一起的乱麻砍开了。他冷笑着说："乱麻只需要快刀！"

高欢对高洋的做法非常满意，觉得他是个可塑之才。

第二次，高欢给每个儿子一队人马，让他们出去办事，又派自己的手下在沿途伏击。包括高澄在内的王子们都被敌人吓得心惊胆战，只有高洋不慌不忙地取出武器与之搏斗，把伏击者打得丢盔弃甲而逃。

这下子，高欢开始对自己的这个其貌不扬的儿子另眼相看。

不输父亲

因为高澄是嫡长子，所以在公元 547 年继承了父亲高欢的爵位，而高洋则在兄长帐下做官，担任尚书左仆射 ①。没想到，高澄两年后被自己的厨子暗杀，是高洋带兵平定了叛乱，并继承了兄长的位置。公元 550 年，高洋篡权自立，改国号为"齐"，开创了北齐王朝。

公元 550 年，西魏宇文泰率领大军大举进犯北齐，想趁机从乳臭未干的高洋手里抢夺地盘。但宇文泰万万没想到的是，高洋骁勇

①尚书左仆射：尚书左仆射兼门下侍郎行侍中事，为首相。

善战，比高欢一点也不差。他亲自率领大军迎敌，把宇文泰打得落花流水。宇文泰大败而归，叹气说："唉，没想到高欢的儿子这么厉害，真像高欢还没有死一样！"

公元 553 年，高洋又御驾亲征讨伐契丹。他带领军士翻山越岭，不辞辛苦，带头冲锋陷阵，打败了不可一世的契丹人。在艰苦的行军途中，高洋袒露着上身，日夜不停地奔走，饿了吃肉，渴了喝水，越劳累精神越足，令人叹为观止。

残酷暴君

高洋在战场上英勇无敌，好像战神一般；在平时的宫廷生活里，他的勇猛无处发泄，就变成了暴力。因为高洋无法忍受沉闷枯燥的生活，就经常喝醉了酒四处游荡；有时候还披头散发、怪模怪样地举着刀枪跑到集市上胡闹。他生性喜欢自由，讨厌被衣服束缚，无论是夏天还是冬天，他常常袒胸露背地骑着没有配鞍子和缰绳的牲畜。他的侍卫和仆人们都叫苦连天，因为高洋不穿衣服，他们也只能跟随主人袒露着身体，被冻得浑身颤抖。

北齐都城里有几座高楼，高洋经常徒手爬上去，沿着屋脊来回奔跑笑闹，毫无惧色。

高洋喝醉了酒后，更加肆无忌惮地发疯。有一次，他酒醉误伤

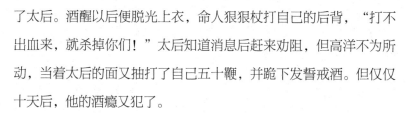

了太后。酒醒以后便脱光上衣，命人狠狠杖打自己的后背，"打不出血来，就杀掉你们！"太后知道消息后赶来劝阻，但高洋不为所动，当着太后的面又抽打了自己五十鞭，并跪下发誓戒酒。但仅仅十天后，他的酒瘾又犯了。

高洋杀人如麻，视人命如草芥，折磨得别人越痛苦他越开心。有一回，他跑到一个死去的臣子家里，问寡居的夫人："你想念你的丈夫吗？"夫人哭道："想念。"高洋立刻杀死了夫人，把她的头颅割了下来扔到墙外，说："既然想念就去陪他吧！"

骁勇善战的游牧民族——契丹

契丹的本意是"镔铁"，也就是坚固的意思，这是一个剽悍勇猛的民族。由于契丹的名声远扬，国外有些民族至今仍把中国称作"契丹"。

契丹本属东胡族系，是鲜卑的一支。4世纪中期从鲜卑族中分离出来；6世纪前期，契丹族尚处在部落阶段；唐初形成部落联盟，曾臣服于漠北的突厥汗国。公元628年，契丹部落联盟背弃突厥，归附唐朝。后来一位名叫耶律阿保机的部落首领统一了契丹各部，并于公元916年建立了契丹国，公元947年契丹改国号为大辽。大辽王朝最强盛时期，曾经雄霸中国的半壁江山。疆域北到外兴安岭、贝加尔湖一线，东临库页岛，西跨阿尔泰山，南抵河北和山西北部，可谓气壮山河。